AQUARIUS

AQUARIUS

AQUARIUS

AQUARIUS

Enjoy是欣賞、享受，
以及樂在其中的一種生活態度。

我可以心甘情願，
但你不能理所當然。

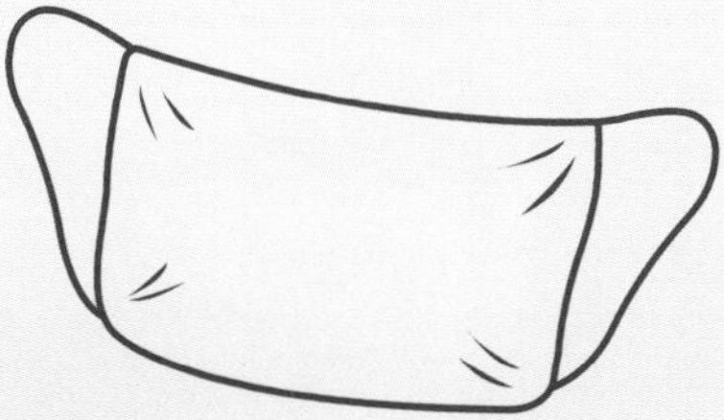

口罩男◎著

推薦序

好太太有好先生

文◎律師娘（林靜如）

我想很多人跟我一樣，第一次認識他，是從某個義憤填膺的女網友在臉書分享了他的文章而來，然後第二次、然後第三次，你開始想：我是不是該封鎖他？

因為，如果你是男人，你不知道怎麼跟你的老婆交代。

因為，如果你是女人，你很想把你的老公踢出家門。

他看似輕描淡寫說得容易，卻讓許多正在失衡的男女關係，產生了搖擺，不知該盪向哪一方。

其實我一直在想，一個男人如他，為什麼要異「性」而處，說一些像是娘兒們說的話呢？

他是如何得知，所有即使當媽的女人們，心目中依舊住著一個小女孩，等著那個當初娶她、說會愛她一輩子的男人，敲開她的心門，牽著那個小女孩走出來；但任憑她們怎麼暗示、呼喊、跺腳、恐嚇，她們的男人就是聽不懂。

男人們只認為，立——場——不——同。

就像那位著名的兩性作家說的：「男人來自火星，女人來自金星」，所以男女不同。

於是，男人依然說著他的火星語，女人依然說著她的金星語。

因此，當有一個男人居然說著金星語時，立刻讓所有其他男人女人都停止了說話看著他，讓他的聲音變得好大好大，讓你不能忽視他。

然後所有的女人都想告訴他牽的那個女人說：「你真是嫁對人了！」

但是這個男人卻只淡然地說：「那是因為她是個好太太。」

好，我坦白說，這句話才真正是中了我的要害。因為，我好想聽到大律師說這句話啊！

以下這段對話，能出現在多少現代男女的家庭裡呢？

我把手搭在你的肩膀上，緊緊摟住你。

你從小就住在台北，家人、朋友和姊妹也都在那邊，卻願意為了我放棄一切，大老遠地跑到鄉下跟我一起住，幫我照顧小孩、打掃家裡、照顧母親，每天做著一成不變還沒薪水的工作。是我虧欠你，本該給你幸福美滿的人生，卻害得你現在這個模樣。

你笑著說：「能靜靜地待在你身邊，過著不餓肚子的生活，我就很幸福了。」

我無言以對。你為什麼總是這麼容易滿足？

謝謝你，讓我想要變更好。

我們上一次把這個念頭放在嘴裡，或是放在心裡，是什麼時候呢？

我終於明白，這個作品為什麼有這個機緣來到我面前，要我為它的誕生說點什麼。就像當年我的第一本作品，因為某些人期待他們的婚姻關係改變而來到這個世界，口罩男的第一本作品，也是負載著某些人對關係浮出水面的期望啊！

其實他們都想讓自己變得更好一點，但是在愛的面前，他們先看到了自己的影子，所以也希望愛變成他們想要的樣子；可是站在愛另一端的對方，同樣也這麼想。於是，愛在雙方的角力之下，變形成雙方都不想要的模樣，然後我們開始懷疑，愛已經不存在了。

然而，事實是，我們都和以前不一樣了。

你和他／她都忘了初衷，那是讓我們記得彼此需求的載體，也是你把對方放在心底的起點，口罩男只是舉起手，指向最開始的方向。

如果成為一個家庭主夫的價值有這麼珍貴，我會覺得每個老公都應該試試看。

就像口罩男說的：**「當你實際體驗了一個全職媽媽的生活之後，你就會懂得更珍惜跟尊重身旁這位名為『媽媽』的人。」**

而我更喜歡他用的這個詞：男女通用（而非男女平等）。

很多道理，應該是放在男人女人身上皆適用才對，即使他們一個說的是火星語，一個說的是金星語。但是會累、會倦、會痛、會苦、會期待、會擔憂，應該沒有什麼不同。

這就是口罩男千言萬語裡想說的：既然我和你都一樣，那麼，讓我們一起變得更好。

看完這本書，一定很多女人跟我一樣，急著想拿給另一半看。

不急，親愛的，先想想，什麼樣的太太是個「好太太」呢？

目錄

contents

PART 2 給男人的但書

我想把每一天，都當作是兩人相處的最後一天，
一樣地疼你、愛你、對待你，
這樣當隔天醒來，望著身邊的你，
我便能慶幸自己，
又多了一天的機會可以繼續愛著你。

PART 1

給 女 人 的 情 書

老婆，是你讓我想要變更好

都是因為你這麼好

自從多了個「口罩男」的身分後，身邊的網友或朋友常對我說：「你真是個好爸爸、好老公、好男人。」每當粉絲團有什麼想法跟觀念推出時，文章底下便會有許多朋友開始羨慕起你，留言：「真是嫁對人了。」「到底是燒了什麼好香？」甚至連你上輩子是不是拯救過地球的俏皮玩笑話，都曾出現過。

我笑歸笑，但總覺得對你不太公平。

為什麼都沒有人說：「你真是個好媽媽、好太太、好女人」呢？

假使沒有你的好，哪來的我想對你好？

我的好女人、好媽媽、好太太

明明化妝品、粉底液都見底了，在那邊擠了又擠，壓了再壓，還是捨不得買一瓶新的回家放。

每次出門就是那幾套衣服在替換。叫你別替我省了，去買些新衣服穿穿，你出門逛了一圈回來，買的淨是些小朋友的東西，回到家還開心地活蹦亂跳說：「我老早就想買這些東西了，謝謝老公！」

小姐，我是要你去買「自己」的衣服跟鞋子，好嗎？能不能替自己多想一點？一定要讓我這麼心疼嗎？

＊＊＊＊

好幾次在半夜裡，小朋友驚醒，我要起身幫忙，你都要我躺好，快點休息，因為你知道我隔天還要早起上班，你捨不得、也不願意看我這麼辛苦。

但你自己不也是忙了一整天嗎？為什麼，你總是不肯替自己多想一點？

＊＊＊＊

懷老二時，有次去產檢，你開心地跟我說，你要生五個小孩給我。我疑惑地問你：「為什麼？生小孩這麼辛苦，為什麼還要生？」

你牽著我的手，靠在我的肩膀上，告訴我：「剛剛葉醫生說，我生老大的時候又快又順利，誇獎我的體質很適合生小孩，讓我好開心。我從小就很笨，沒什麼才能，手腳又不俐落，還很憨慢，嫁給你沒幫助到這個家就算了，還一直扯後腿地讓你照顧我。但剛剛終於讓我找到我的專長了，就是『生小孩』啊！所以我要多生幾個給你，讓喜歡小孩的老公能開心，這也是沒什麼用的我，唯一能想到有用的事。」

「傻瓜，不准生了。」我把手搭在你的肩膀上，緊緊摟住你。

你從小就住在台北，家人、朋友和姊妹也都在那邊，卻願意為了我放棄一切，大老遠地跑到鄉下跟我一起住，幫我照顧小孩、打掃家裡、照顧母親，每天做著一成不變還沒薪水的工作。是我虧欠你，本該給你幸福美滿的人生，卻害得你現在這個模樣。

你笑著說：「能靜靜地待在你身邊，過著不餓肚子的生活，我就很幸福了。」

我無言以對。你為什麼總是這麼容易滿足？

謝謝你，讓我想要變更好

我把一個正處於精華時刻的女人，囚禁在一個我自以為溫暖的家。我壓榨著她的青春，我消耗著她的歲月，她卻說只要能待在我身邊，不要讓她餓著，就是她這輩子最幸福的事？

老婆，我何德何能，能讓你這樣為我付出？

這樣的你好傻，傻到讓我好心疼。讓你這樣的我，漸漸討厭起自己。

早知道跟了我會這麼苦，不知道你有沒有後悔過？

早知道婚後會失去這麼多，不知道你有沒有想放棄過？

因為你的支持，我開始寫作；因為你的鼓勵，我創了粉絲團；因為你的諒解，我專心於興趣；因為你的安慰，撫慰了我被批評的心；因為你的犧牲，造就了口罩男的誕生。

因為有你，我想要變得更好。

如果你沒有後悔愛上過我，可不可以讓我厚臉皮地待在你身邊？即使明知道這輩子，給不了你貴婦般的生活，但我願意一直做你的小男人、小莊子，讓你當我專屬的皇太后，逗你笑、陪你玩、帶你去旅行、吃美食，幫你刷背、洗腳、吹髮，只要你想要我做的事，我都願意去做。就這樣一直沒有期限地做到老，做到我……躺在床上不能動的那一天。

你說好不好？

家庭主夫，已婚男性的一種職業

跟老婆交棒

查了一下維基百科上的解釋：「**家庭主夫，簡稱主夫，是已婚男性從事的一種職業崗位，指全職照顧家庭、不外出工作的男性……**」這不就是在說現在的我嗎？

二〇一六年十一月一日，我跟公司申請的留職停薪育嬰假正式啟動，按照〈性別工作平等法〉的規定，小孩滿三歲以前，都能向工作單位申請辦理，剛出生不到三個多月的兒子，剛好使我符合了申請的資格。

要離開工作長達十四年的地方，內心也是不捨跟掙扎許久，但有一天晚上，老婆無心的一句：「真的好想回去上班喔！」

老婆的話，我聽到了。

從結婚到兩個小孩的出生，這麼多年來，她時時刻刻都為了這個家在犧牲跟付出。她的朋友漸漸少了；她跟社會漸漸脫節了。她每天醒來想的總是：今天要煮什麼給小孩吃？今天的天氣，小孩該怎麼穿？今天要陪小孩玩些什麼？……才二十多歲，正值人生最精華時光的她，竟然滿腦子想的都是小孩，能做的事情也只能是小孩的事情，這不是一件很恐怖又不公平的事嗎？

人生只有一次，二十歲的青春年華也只有一次，我不該將她最精華的二十到三十歲這十年，困在我自以為無憂無慮的家中。所以，既然她有這個意願跟想法，我當然必須全力配合和支持。

省吃儉用，放膽去做

某天跟老婆討論、規劃了一整晚，並查了一下相關規定。還不賴的是，申請育嬰假，前半年仍有按月發給平均月投保薪資的百分之六十。換算下來，我前半年每個月還有約一萬五千多元的薪水，但，這當然不夠撐起一個有「雙寶」的家庭。

總不能賣掉還有N年房貸要繳的房子，好換取現金來維持一家人的生計吧！我還沒有失去理智到這種地步。

不過很多事情，老天爺冥冥中似乎都有在幫忙（不枉我這麼虔誠地每天拜祢）。就在我們夫妻倆怎樣精打細算都下不了結論的時候，我突然想到，我每個月存郵局保險的六年約快到期了，有筆不錯的存款金額即將到手。

想想，省一點的話，生活應該還過得去。一方面換成老婆去上班，還有收入，而我有時也能寫寫文案賺賺稿費。

既然這個決定還不至於讓我們全家人餓死，那就放膽去做吧！

向待了十四年的公司，提交了申請書，內心原以為會受到主管的慰留或什麼的，結果，申請過程出乎我意料的，非常順利——主管是有多討厭我嗎？其實是因為法律有所規定，也沒人敢阻止。

「雖然過了一段時間以後，還能再銷假回來上班，但你不擔心對以後的升遷跟發展會有影響嗎？」同事擔心地問我。

老實說，我只是個小小員工，公司不會因為沒有我就倒閉，地球也不會因為我沒在那個單位上班，就停止轉動。

於是，帥氣地遞交了所有資料之後，我開始了漫長的育嬰假生活。

是的，我成了維基百科裡那個貨真價實的「家庭主夫」。

育嬰假生活，開始了……

當你實際體驗了一個全職媽媽的生活之後，你就會懂得更珍惜跟尊重身旁這位名為「媽媽」的人。

在家帶小孩的生活，就像我在〈爸爸日〉的兩篇文章中所提到的，一打一和一打二是完全不同的等級。而只陪小孩一、兩天跟必須天天面對孩子時，更是完全不同等級的關卡。

一開始，我當然非常不適應。我每天都覺得煩、好煩、超級煩！小孩怎麼這麼多毛和事情可以吵？第一天，我忙到不能做任何家事，甚至想吃碗麵、好好上個廁所，都沒什麼時間。

以前上班的時候，的確知道帶小孩辛苦，也知道老婆一打二必定不輕鬆，但不曉得的是，竟然會這麼地苦。

記得太太第一天下班回家時，整個超傻眼的，因為房間一團亂、奶瓶都沒洗，還有出門前一直叮嚀交代我要洗和曬的衣服，也完全沒動靜……

「我光顧好他們都有困難了，哪還有時間能抽身去做其他事啊？」我委屈地哭喪著臉對她說，這也是我當全職爸爸的第一天，只能用「糟糕」兩個字收場。

看得出在強忍笑意的太太，邊幫我善後，邊安慰著我說：「很多事情就是一些小技巧跟經驗，久了，你就熟練了。」

熟能生巧，男女通用

是啊，熟能生巧。

寫這篇文章時，留職停薪已經過去三個多月了。這期間，我已經能把兩隻小搗蛋安穩哄睡，再抽空去洗衣、曬衣加整理房間，偶爾煮個晚餐等老婆下班回家吃。有時候一時興起，還會帶著兩隻去市區的親子餐廳或百貨公司的親子樂園玩玩，消耗一下他們的精力。

累不累？麻不麻煩？當然啊！超級累，超級麻煩！所以才會說是「一時興起」。

但，這幾個月也是我和孩子最親密，互動也最多的時候。甚至於一個爸爸獨自帶著兩個小孩，在外面遊蕩，別人會怎麼看？甚至沒工作在家的生活，朋友會怎麼說自己？老話一句，我從來就沒在管旁人對我的看法跟想法。我並沒有妨礙到任何人啊，不是嗎？

現在我們的小窩，雖然還是沒有老婆在家時整齊乾淨（她怎麼老是能把家裡打理得如此整潔？），但，我知道我有在進步，肯做還是學得會。

有一句話是這樣說的：「女人也不是天生就會當媽媽的。」她們也是硬著頭皮去學、去做，才慢慢熟練起來。男人如果有心要學，當然也能，**最怕就是連學都不肯學，連試都不肯試**。

找回當初的自己

而這段時間，變化最多的就是我太太。

還記得她領第一個月薪水的時候，雖然不多（真的好少），但她開心地說要請我吃——高級牛肉麵。於是，我們帶著孩子去了家裡附近的牛肉麵館。

「盡量點，點最貴的！」太太霸氣地對我說。

我看了一下，最貴的三寶牛肉麵一百四十元——就是它了！那天，我們一家人吃得非常開心。

此外，我太太也認識了一些新朋友。面對全新的人際關係，她緊張，我比她更緊張。雖然每天看她在背一些公司的員工守則、記一些老闆交代的事情，我覺得很心疼，但她總是甘之如飴地笑著說：「不會辛苦啊！我覺得很好玩，也很有趣。辛苦的是在家帶小孩的你吧！你可要好好幹喔，哈！」

我苦笑，但也很滿意現在的她。

因為**她現在的笑容，就是我第一次見到她時，深深被她迷住，她那發自內心、最開心也最自然的笑**。

很開心，**老婆找回了當初的自己**，而最讓人驚豔的是——

現在的她，也好迷人。

爸爸日1：新手爸爸一打一

「爸爸日」的約定

「爸爸日」，是我們夫妻倆很久以前開始的約定，內容是：「一個月能有一次，只要老婆想跟姊妹出去狂歡，或是回娘家過夜都可以（我們住台中，老婆家在台北），時間只要大家配合得上都很彈性，爸爸必須接管小孩、照料小孩所有的一切，中途不可以放棄並呼叫老婆回家支援，不然罰款一萬元。」

生了老大之後，因產後憂鬱跟帶小孩的壓力，老婆總是悶悶不樂，所以我跟她協商：讓她回娘家去見見她家人和姊妹，好好狂歡一下，想幹嘛就幹嘛，不用煩惱家裡、小孩的事情。這就是我們家所謂「爸爸日」的由來。

老大剛出生時，身為「新手爸爸」的我，雖然也常參與女兒的照料過程，但一個月有半個月以上都在外地工作，在家的時間其實不多，所以回到家後，在照顧小孩方面，依舊是停留在用看的跟從旁協助的分上。那時候的我：從來沒有親手幫我女兒洗過澡，但我常在旁邊看老婆洗；從來沒有親手幫我女兒穿衣服，但我常在旁邊看老婆穿；從來沒有親手哄我女兒睡著過，但我常在旁邊看老婆哄。

很多事情我都只是看過——看老婆做過，看書上寫過，看朋友分享過。我自以為是地認為，帶小孩不就是這樣而已。老婆「看起來」做得這麼輕鬆，會有多難？直到第一個「爸爸日」的來臨，這一天，粉碎了我所有的理論跟知識。

第一個「爸爸日」

那一天，送了老婆去搭車。原以為接下來的日子就跟平常沒兩樣，想不到她的離開，竟然是我這個「理論派」爸爸噩夢的開始。

我關上車門，踩著油門，準備回家。看著後照鏡，坐在安全座椅上的女兒睡得如此安穩、祥和。我心裡想著：「感謝上帝賜給我一位天使！」

我撥了一下劉海，聽著車上的音樂，愉快地心想：「帶小孩不過就是如此而已！」我以為，女兒睡這麼熟一定不會醒來，我可以安穩地把車開回家。然後，一個成功的男人，做事情都是有計畫的。我心裡盤算著：等一下到了家，我會先泡好奶，然後抱著小天使上房間，此時，她一定會因為被我驚動而哭鬧，但早就有準備的我，馬上將泡好的奶給她喝，然後她邊喝奶，我再邊摸著她的頭，讓她有安全感，她就會乖乖地睡著了。之後就是我個人的放鬆時間，老婆不在、小孩睡著，我可以開心地滑手機、玩遊戲……

結果……實際狀況根本和我想的都不一樣！

我車子才開不到十分鐘，女兒就給我醒來，然後左看右看就是看不到媽咪的她，開始狂哭、鬼吼，並試圖掙脫安全座椅上的安全帶。

而我此時正開在高速公路上，第一次被這樣的情況嚇得不知所措，只能輕喊著說：「乖乖，寶貝別哭，媽咪出去一下下而已。」誰曉得一聽到「媽咪出去」這句話，她哭得更厲害了，根本不理會我的安撫，而且一直狂嘶尖叫著，好像我是綁架她的罪犯一樣。此時披頭散髮的她，哪有什麼天使神聖的模樣，根本就像恐怖電影裡的鬼娃恰吉！

小天使變身小惡魔

折騰了一番回到家後，我馬上抱女兒去房間，準備泡奶，可我忽然定格在熱水瓶前面許久——天啊！我只知道要泡奶，但根本不知道熱水要多少、冷水要多少，才會是剛剛好的比例。試了好幾次，一下熱，一下冷，總算成功泡成了能喝的溫度。這時，我的女兒不知道都已經哭多久了。

溫柔地抱著女兒，拿著奶瓶餵她喝奶，再邊摸著她的頭安撫她，平常看她媽媽都是這樣哄的，而女兒也會配合地乖乖入睡，回想起，當時的畫面是多麼優美跟慈祥。結果換成了我，她根本就沒在鳥我這個老爸，不但不喝奶，而且愈哭愈大聲，一臉就是吃定我的樣子。

奇怪，我跟老婆做的明明是一樣的事情啊！怎麼會和我想的差這麼多，還一直用腳踹我。難道是……沒唱歌？一定是，她媽咪都會哼歌給她聽，女兒就會一臉幸福地陶醉享受著。

於是我清了一下嗓門，用我那比殺雞還難聽的歌喉，唱著：「寶寶睡，寶寶睡，寶寶快點睡著……」結果，非但效果沒達到，女兒還眉頭深鎖一臉痛苦，情緒也更加狂野，持續一直哭鬧，在我懷裡又踢又掙扎。

奇怪，我做的事情和動作跟她媽咪不是一樣的嗎？為什麼會這樣？難道……不會吧，我知道了，也只有這個原因才會有這個現象，她，不是我親生的！

「不——」我吶喊著天公伯啊，為什麼要對我這麼不公平，女兒竟然不是我親生的！這時，我阿母剛好回家，一開門便從我頭後面巴下去說：「你是著猴喔？在幹什麼？怎麼讓我金孫哭成這樣？從樓下就聽到了，你這老北是怎麼當的，有夠沒嘍用！」就把我女兒抱走了。

後續的什麼洗澡、換衣服、換尿布、吹頭髮、大便洗屁股、泡奶、安撫、哄睡等等，可想而知，我是怎麼從實做中熬過來、學習過來的。

實際下海帶小孩才知道……

所以有的時候，老公真的必須狠下心來，叫老婆滾出去……玩。

不要覺得媽咪帶小孩看起來很輕鬆、很簡單，那只是「看起來」而已。親自下去嘗試就會知道：想的跟做的，完全不同。理論與實際根本是天差地遠！

試著完全沒有老婆在家的「爸爸日」，帶個幾天看看，就會知道老婆有多重要、多能幹，還有小孩有多不確定性跟多不安定……

咦？看看日曆，這禮拜好像又是爸爸日了，慘……

爸爸日2：一打二的挑戰

一打二，能有多難？

依稀記得老大——女兒亘亘剛出生時，那第一個爸爸日，把我搞得灰頭土臉的，我計畫好的每一件事，都跟實際操作時完全不同。

但，這次的我可是有備而來。雖然這回是老二——兒子丞丞出生後的第一個爸爸日，我得以一擋二，可是已經有育兒經驗兩年多的我，絕對不會再手忙腳亂了。

這天，兩個寶貝跟奶奶在房間，我在家門口與老婆十八相送。

「老公，你真的可以？確定不用我帶亘亘回家，幫你分擔掉一個？」她一臉擔憂地問。

「不用擔心啦！我又不是沒帶過小孩，你好好回台北玩個痛快。帶著小孩要怎麼放鬆？」說話的正是自信滿滿的我。

我推著太太上了計程車，跟司機大哥交代說：「到台中高鐵站，再麻煩了。」

就這樣，目送著老婆離開了家中。

進家門前，我心想：「老婆真是大驚小怪，不過就是多了個兒子。一打二，有這麼難嗎？她可以，我怎麼就不可以？」

一切都在計畫中……？

老樣子，一個成功的男人，做任何事之前都需要計畫。「是小孩要配合我，不是我要配合小孩子。」我是這麼心想——但現在回頭看看，當時的我，真不知道哪來的自信。

看了一下時間，已經晚上八點多了，距離小孩九點睡覺的時間也差不多。回憶起平常媽媽哄小孩的順序和方式，好像是先幫女兒換好尿布，讓她躺到自己的小床上，幫她蓋好被子後，溫柔地摸摸她的頭，對她說：「媽咪的小寶貝，要睡覺了喔，不早點睡會不漂亮喔！快點睡，祝好夢喔。」女兒就會可愛地回說：「好，我要變漂亮，我要睡覺。」接著不到十分鐘，就可以看到她嘴巴開開，憨憨入睡。

搞定了大的，小的就簡單多了。同樣的順序，先幫兒子換好尿布、泡好奶，餵他喝飽後，配合著嬰兒床上的睡眠兒歌，輕拍著他的屁股。

沒錯，老婆臨走之前特別強調，兒子喜歡人家拍他屁股。在脾氣番起來不睡覺時，只要輕拍他的屁股，他就會安靜下來，乖乖入睡。

真是有夠簡單的！這一切都在我的計畫之中。

假如我會分身術……

回到家裡，一開房門，我立刻又關了起來。這……我是不是走錯房間了啊？

再次把房門打開——天啊！這是我的房間嗎？

奶奶只不過去上個廁所而已，房間就像被炸彈炸過一樣，玩具亂七八糟掉滿地。房間一角，女兒竟然在玩她媽媽的化妝品，拿一支口紅，把自己化得像……沒錯，又是鬼娃恰吉！

「你到底在幹嘛啦？亘亘！」我大叫。

「爸爸，我美嗎？」她一臉無辜的說。

「美，當然美，我們家亘亘永遠是最美的啊。」我完全無法對女兒發脾氣啊。

正準備抓她去卸妝洗臉，這時，原本乖乖躺在嬰兒床上吃手的兒子，突然加入戰局，開始狂哭嘶吼起來……我一靠近看，應該說還沒靠近，我就從空氣中察覺有異象，是的，他、大、便、了！

我實在恨不得有分身術，能一邊處理女兒，一邊照顧兒子。可惜爸爸不會分身術！殘念。

本都是我生，相叫何太急？

好不容易將兩個小鬼分批處理完畢，望著地上一堆玩具和滿桌被弄亂的化妝品，再看看時鐘。「哇！都九點半了。」上床時間早過了。不管了，先哄他們睡覺好了。

吸了一口氣，我告訴自己千萬要冷靜，就按照剛剛的計畫，先幫女兒換好尿布。

有經驗的爸媽都知道，換尿布一定要快、狠、準，不然小孩就會瞬間脫離，光著屁股到處亂跑。所以，把握穿上去的「關鍵那幾秒」，很重要。

可是，計畫真的趕不上變化……

正當我脫下女兒的褲子，準備換上睡覺用的尿布時，兒子又哭了！

我被突然出現的哭聲吸引而恍神了幾秒，女兒竟然趁我分心之餘，光著屁股跳起來到處亂跑，邊跑還邊叫著說：「啊～啊～弟弟哭了～啊啊！」弟弟被這高分貝的尖叫聲嚇到，哭得更大聲了。

看了一下時鐘，十點整。我上輩子到底欠你們兩個什麼啊！你們為什麼要這樣對爸爸？

為什麼就是不睡？

好不容易，總算將女兒放到了小床上。我壓抑著一度想扁她的心情，勉強擠出了一絲笑容對她說：「爸比的小乖乖，要睡覺了喔，不早點睡會不漂亮喔！快點睡吧，祝好夢。」

「不要，你笑得好醜。我要媽媽陪我。」女兒說。

……我的臉部肌肉已經扭曲到快要抽筋了。我直接把棉被丟在她身上。

「你給我乖乖睡覺！不然就不要睡！」（是啊，爸爸不負責任之任性擺爛教育法。）接著我轉過身，去另一張床那裡哄兒子。

看得出兒子已有了睡意，我順勢將房間燈光調暗，培養睡覺氛圍，接著播放溫馨的催眠歌，稍微搖動著嬰兒床……只見兒子的眼皮愈來愈沉，愈來愈沉，終於，慢慢地閉了起來。

我心裡暗自竊喜：「太好了，搞定！」

「砰！」突然有個玩具摔在地上，兒子瞬間驚醒又哭了起來。

「亘亘！」我轉頭瞪了女兒一眼。

「爸爸，我不想睡覺，我討厭睡覺。」女兒無辜地望著我。

原來這就是欲哭無淚

我得做出選擇：是要現在教女兒不想睡也不能摔玩具，還是去拯救哭鬧不停的兒子。兒子雖然在大哭，但是仍閉著眼睛，還是有挽回的機會。他還在半夢半醒之間，只要再稍微哄一下，一定可以成功入睡。女兒一副準備跟我耗到天亮的樣子，晚點再處理她好了。

心裡拿定了主意，突然想起老婆之前傳授的教戰守策：兒子喜歡人家拍屁股。但我忘記了，是輕拍。我忘了拿捏好力道，就這麼直接對著兒子的屁股打了下去。

瞬間，他似乎被我嚇傻了，抬起頭，眼睛睜得大大地看著我。我尷尬地舉起手，對他笑了笑說：「嗨，丞丞，乖乖睡好嗎？」

「哇～哇～哇！」哭得比誰都還凶狠的是，我兒子。

「爸爸，我不要睡覺，我討厭睡覺。」在嘶吼大叫抗議的是，我女兒。

而對著他們兩人無力發呆的，是頭一回一打二，被震撼教育嚇到欲哭無淚的，爸爸。

我從中學會的重要「小」事

兩個小孩之間，雖然總是會互相干擾，一下這個哭，一下那個鬧，使得一打二和一對一時的困難度與狀況相比，根本不只多一倍以上，而是得用乘上數倍來計算。但是，隨著爸爸日次數的增加，我也跟著慢慢體會到，每一個小孩都有他們獨特的眉眉角角。

像我兒子習慣趴睡，不喜歡燈太亮，睡覺一定要聽歌。我女兒不愛睡覺是因為她睡前除了要聽故事，還要陪她玩一次醫生遊戲，再幫她蓋上最愛的粉紅小被被，她才甘願跟滿足。

很多我們認為很小、不重要的事情，對孩子來說，都是很重要的大事。**只有親身去體驗、參與自己小孩的照顧過程，才能從中知道這些事情。**

照顧小孩，真的沒這麼簡單。

女兒，等你長大後，爸想跟你說的十點愛情觀

爸爸的前世情人

看著一封封網友的來信，心情也跟著沉重了起來。

會寫信給我的朋友，大多是在感情上出現了問題，走不出來，很多甚至是同樣的問題，只是發生在不同人身上。愛情說它簡單，也真的不難，就是愛跟不愛。說難，人心豈是三言兩語就能說透？

我默默將電腦關機。回不完的問題，就有待時日，再將它們寫成故事，跟朋友聊聊吧！伸個懶腰，調整了一下心情，剛離開書房，就看到女兒衝過來抱緊我說：「爸爸，你下班了啊！」對我女兒來說，我只要進書房，她就以為我在上班。

「是啊，下班了。今天要玩什麼呢？」我一把將她抱了起來。

「玩醫生遊戲。」她興奮地說。

「好，我們來玩吧！……醫生，爸爸好像生病了，救我，醫生！」我開始熟練地演起這個她永遠玩不膩、永遠只有同樣台詞的醫生扮演遊戲。

躺在床上，看著我的小公主，細心地拿著各種「醫療器具」往我臉上、身上擺，一臉認真地幫我治療的模樣，心裡頓時覺得好感動。但，也許是剛剛的心情還沒恢復，我突然想到：我的小公主，或許也會在十年、二十年後，遇到跟網友來信中相同的問題。

假使有那麼一天，她，該怎麼辦呢？

送給寶貝女兒的十句話

女兒啊，爸爸心裡默默浮現幾句話，想對以後的你說：

一、媽媽辛苦把你生下來，不是來讓你被男人糟蹋的。

愛情不是人生的全部，沒有什麼非他不可、非他不嫁的道理，何況還是一個只會讓自己難過、傷心、流眼淚的男人，如果他不愛你，那就請他離開，別浪費彼此寶貴的時間。

二、愛情是世界上最現實的，不要傻到以為努力就會有回報。

說社會現實，愛情更現實得要命。我知道你愛他，但假使他不愛你，一切都是白搭，你就算做到死也沒人會感激。不要等到你的愛消磨殆盡的那天才夢醒。愛，要放在對的人身上。

三、結婚不是修成正果，而是修行的開始。

王子跟公主婚後才發現，原來這並不是幸福的終點，而是剛要走上幸福的起點。不要以為結了婚，就能綁住對方一輩子，敢結婚就要有勇氣面對——可能會離婚的那一天。

四、女人最該投資的是自己，而不是男人。

當你五十歲還能維持三十歲的身材跟容貌；當你年收入比你老公高很多；當你的生活過

得比老公還充實跟精采；當你的夢想一步步在實現時，什麼婆媳問題、老公會不會外遇偷吃、婚後好像都是為了別人而活等問題，都不會是你在意跟擔心的點了。

五、只有不適合，沒有誰配不上誰的道理。

每個女人都是上帝的完美傑作，更是父母心中最寶貴的作品，會嫌棄你的外表、看不起你的男人，也沒有資格得到你的人跟心。

六、挑男人，要看吵架後對你的態度。

再恩愛的情侶都會有吵架的一天；曾經的山盟海誓和甜言蜜語，都能在情緒失控的當下完全破滅。但能在不開心的時候，還願意放下身段及面子，主動道歉跟給彼此台階下的男人，至少，還不算太差。

七、你不是車子，不用為了男人改來改去。

要愛請愛你的全部，不然都不算愛。你就是你，天生就是這個樣，你不是車子，並不需要迎合車主的感受跟需求，來調整配備與舒適度，要麼接受，不然就別碰。

八、挑錯老公比找不到老公，還悲慘十萬倍。

也許以後你可能會看著身邊的朋友，一個個都走入婚姻，年過三十的自己，也開始擔心著急自己的下半輩子，但相信我，寧願孤獨地終身到老，也好過跟了個不靠譜的男人。

幸福並不一定要靠男人才能擁有，你的幸福必須掌握在自己的手裡，才會來得踏實和長久。

九、寧願當個孤獨的女王，也不願做個委屈的小三。

女人的愛是無價的，一顆無價的心就換你一顆等價的心，如果你只能分到不完整的一顆，那寧願守著它也不要換。能當個驕傲的女王，何必委屈自己去當個小三？

十、不管以後爸、媽還在不在，家門永遠為你而開。

開心就回家，不開心也得回家，我們是一家人，你的喜怒哀樂要讓我們一起分享跟承擔，你幸福我開心，你難過我陪你哭。不管你是否牽起了另一個男人的手，或是叫了別人爸、媽，但我和你媽，永遠都會是你的，靠山。

有多久沒聽彼此說說心裡的話了？
有多久沒好好在一起吃頓飯，心思只專注在對方身上？
有多久沒跟對方說聲「我愛你」了呢？

有了小孩後，你們之間更需要愛與被愛

吃飛醋

還記得一開始，我總把「她」的事情擺第一，列為優先處理，甚至手機滿滿都是跟「她」的合照。你開始吃醋，甚至不悅。但能言善道的我，總是能哄得你開開心心，將事情解釋得合情合理。

然而，凡走過必留下痕跡，紙終究是包不住火。我對「她」的感情，一天比一天濃，一天比一天多，我幾乎把心思和時間都放在了「她」身上，而忽略了你——我的太太。

三年前的某個晚上，跟姊妹去逛街的你提早回家了，無聲無息地悄悄進房，我被你當場抓到，只穿著一條內褲，而「她」，圍著一條浴巾坐在我和你專屬的床上。我溫柔地梳著「她」的頭髮，調皮搗蛋的「她」，三不五時就轉身撫摸著我的臉龐，還不時親吻著我，我們兩人有說有笑的，就像熱戀中的小情侶一樣。

你發了瘋似的大發雷霆，要我解釋並說明現在是什麼情形，甚至要我在「你跟她」之間做個決定。我看了你一眼，嘆了口氣說：「老婆，你跟自己女兒在吃什麼醋啦！」「為什麼媽媽就不能吃醋？我就是要。你對自己的女兒實在太好，太誇張了！我吃醋。」你竟然氣到跺腳。

我內心感到莫名其妙，心想：「哪有這麼誇張？我是爸爸，對自己的女兒好不是再正常不過的事嗎？怎麼會有媽媽吃自己女兒的飛醋啊？」

當時的我實在不能理解，也想不透。

爸爸也會吃兒子的醋？

一天，跟一位要好的女性友人在聊天時，她問我說：「要是你有兒子，你會吃自己兒子的醋嗎？」

當時的我還沒生老二丞丞。我連想都沒想，本能地直接回答說：「怎麼可能？自己的兒子幹嘛吃醋？」

「對不對？我老公不知道在莫名其妙什麼，說什麼我對兒子太好，都忽略了他。」她緊接著說：「兒子就一個，還是他的親生骨肉。我這個媽媽對兒子好，幫他把兒子照顧得白白胖胖，這樣有錯嗎？說什麼我眼中只有兒子，都不顧著他。拜託！他都幾歲的人了，難道還要我把屎把尿？竟然為了這種事情在跟我吃醋，幼稚到受不了。」她愈說愈生氣。

我也跟著附和：「真的挺幼稚的耶！一個成熟的男人，才不會這樣呢。」

可是三年後的我，要為當時說的這句話，道歉……

是的，我吃醋了

三年後的今天，當我也有了兒子之後，我才知道——天公伯啊！爸爸吃兒子的醋根本是天經地義；而媽媽吃女兒的醋，更是理所當然。

還記得一開始，老婆總把「他」的事情擺第一，列為優先處理，甚至手機裡滿滿的都是跟「他」的親密合照。我吃醋、我不爽，但她連解釋都懶得解釋，不但直接駁回我所有的意見，根本是直接無視於我的感受與心情。

是啊！她連應付我都嫌麻煩。這是我始料未及的。

她對「他」的感情，從「他」一出生就多到滿出來，甚至多到要從體內爆炸似的。整個心思跟時間，都百分百地放在「他」身上。

我和女兒簡直被當成了空氣。

有一天晚上，我幫女兒洗好澡後，一進房間，眼前突然一片空白——啊！是閃光！那陣放閃，亮到我們父女倆都無法看清眼前的事物。

不出我所料，等閃光漸漸褪去之後，映入眼簾的果然是老婆和「他」，他們母子倆正親來親去、滾來滾去的，彷彿全世界都圍繞著他們兩人打轉一樣。

怒啊！火啊！看著自己的女人對另一個男的這麼好，把原本對你的疼愛都給了他，甚至什麼事情都以他為優先，是一個成熟的男人，才要生氣吧。

正因為是自己的兒子，一想到會不會從此以後老婆眼裡只會有兒子，而不再有自己的時候，心情更是五味雜陳。

將心比心真的太難了，只有當自己也有了類似的體會，才能懂那種吃味的心情。

於是，我馬上打電話去跟那個女性朋友說：「你要對你老公好一點啊！別因為有小孩就忽略了他的心情和感受。**婚後的男人也需要被愛、被在乎跟被需要感的。女人也是。**」

前世情人的危機

在婚姻裡，因為前世情人出現的關係，丈夫或妻子往往容易忽略掉另一半的感受與心情，總是認為：「小孩還這麼小，我當然要把心思放在孩子身上啊！」或者這麼想：「跟自己的親生骨肉有什麼好吃醋的？我對你的小孩好，你應該要開心、感動才對呀！」

從理性的角度來想，的確沒錯。然而，人不是只有理性這種情緒而已。

當你整個心思跟時間都花在了小孩身上，吃飯先幫小孩準備，買東西先看小孩的，開口閉口都是小孩的事情。小孩的生日，你當然記得一清二楚；曾幾何時，你們倆卻忘了彼此的生日。

當另一半想求歡時，也因為孩子需要照顧、有小孩在不方便等原因，而一次又一次地被你拒絕。

愛孩子是當然的，但別因此而無視伴侶的需求與想法。若老是開口閉口都把小孩的事情擺第一，和另一半的排序顛倒了，可能會讓伴侶感到嚴重地不受重視、不被在乎，久了難免會產生問題：「你愛小孩比愛我多？」「所以我比小孩還不如？」

愛孩子，更要愛你的另一半

「我的心得是：不要以為只有地下情人才會造成婚姻危機，前世情人也可能會影響夫妻感情。聽過那些為了另一半太愛小孩而吵架，甚至有外遇的，藉口就是『反正我家那位只愛小孩，我只好去外面找尋別人的重視跟疼愛……』因為這樣就偷吃當然有錯，但不能否認，這也是原因之一。**所以現在我愛女兒，更要愛我老婆。**」

才剛對朋友說完我的想法，電話那頭的她就笑著對我說：「我知道啊！去年我女兒出生之後，我也強烈感受到這種吃醋的心情了。」

看來「前世情人」，永遠是做爸媽的生命中不可承受之輕啊！

老婆為我懷孕，我替她結紮，想想也挺浪漫的

「老婆，我要去結紮。」

對我們夫妻來說，一女一男恰到好處，所以在兒子出生後沒多久，我就有了結紮的念頭。

第一，當然是心疼老婆懷孕跟生產時的犧牲和辛苦。第二，如果再多一個，我們很擔心對小孩的愛難免會有所失衡，而且，雖然拚一點是養得起，但生活品質一定會有所下降。

我們是愛小孩，但也不想為了小孩，犧牲掉太多自己的生活品質。

既然夫妻雙方都有了這個共識，那不用多加思考，**結紮，當然是男人結**。因為男人結紮

只需要局部麻醉，方便、安全，併發症又少。而女性結紮得做全身麻醉，從陰道、腹部或用腹腔鏡做輸卵管結紮，傷口深，併發症多。

更何況，**懷孕、生產都已經由老婆代替我去受苦了，憑什麼連「避孕」都要讓她替我去？**那我還算不算個男人啊？怎麼想都不合理，也沒道理。

一開始聽我聊起這件事，老婆還以為我只是在開玩笑。但是我們討論完的隔天，我就直接跑去醫院掛號了。

＊＊＊＊＊

進入泌尿科診間，醫生酷酷地問我：「怎麼了？」

「那個……醫生您好，我要結紮。」我非常有禮貌地報告。

當我一說完，醫生愣了三秒，瞬間從一臉冷漠變得笑容可掬，說：「好啊，觀念很好呢！那我馬上來幫你安排一下。」我心想：難道來結紮的男人，頭頂上都會突然出現光環，看起來也都比較善良嗎？

醫生非常細心地告知手術過程跟術後狀況，並確認有無小孩（有些醫生不願幫沒小孩的人動結紮手術），迅速幫我排好了手術時間，並拿了幾份手術同意書讓我帶回家給太太簽。

對我來說，由丈夫做結紮是很自然的事，沒想到望著我的手術同意書，老婆整個人嚇傻了。她說：「也不用這麼急吧！人家結紮都是能拖就拖，拖到老婆忘記、耗到老婆放棄。怎麼你這傢伙這麼奇怪，說到結紮，昨天才剛討論完，今天你就約好手術時間了？」

「我不想讓你因為任何『意外』，再回去承受懷孕那段時期跟生產時的各種折磨和辛苦了，我覺得真的夠了。」我說。

「老公……謝謝。可是，媽媽那邊……好交代嗎？如果媽不同意，那你就不要去了啦！」我老婆很在乎婆婆的想法，擔心地說。

「你放心啦！我已經說服她了。媽本來就是很開明的人，她還說，早就想叫我去結一結了，說兩個剛剛好，小倆口不要生活得這麼辛苦。」

我摸著老婆的頭，叫她放心，她才點頭答應簽字。

只不過開兩個小洞而已

手術那天，我起得特別早，雖然之前上網查過手術過程，也看過網路上的心得分享，還是又搜尋了一次，想看看有沒有特殊案例，結果好死不死跳出這一則：「手術完後，傷口除了過大很難癒合，還惡化流濃，陰囊更是腫大得像個棒球一樣。」我愈看愈心驚！不過，查了一下發表時間是九年前，也只能安慰自己那是時代久遠，技術還沒有很進步的關係。

其實說不緊張是假的，但一想到**太太為自己生了兩個小孩，從來沒有抱怨過什麼，我只不過去開兩個小洞而已，有什麼好畏畏縮縮的？**

進了手術室，年輕醫生說要做先前準備，得幫我除毛，叫我把內褲脫到大腿處，躺到手術台上。緊接著他溫柔地抓起我的神鵰，一下子往左甩，刮一刮毛之後，又往右甩，再刮一刮毛……總之，我的男性尊嚴在開刀房裡面蕩然無存。刮完後，他表示需要將我的神鵰先固定在肚子上，然後就撕了兩條膠帶黏住。雖然我看不到，但我想那個畫面一定超好笑。

都處理好之後，主刀醫生便走進來，再次跟我確認身分後，命運的手術時刻來臨了。

年輕醫生站到我左手邊。右手邊的主刀醫生跟我解釋：「要先抓出輸精管，會有點痛，腹部也有可能會悶悶和痠痠的。」都走到這一步了，我帥氣地說：「來吧！」

他便從我右邊蛋蛋開始抓。果然，感到腹部悶悶的加痠痛，有點像蛋蛋被踢到或撞到的那種不適，但……都還在忍受範圍。

終於摸到了輸精管，主刀醫生說：「要打麻醉了喔。打麻醉是最痛的，要忍耐一下喔！」再沒有回頭路了，我咬著牙說：「來吧！」

主刀醫生從蛋蛋一打進去──乾！不痛是假的！但只要想到跟老婆生產的過程比起來，

這根本是小兒科，也就瞬間釋懷了。**打麻醉的過程不到十秒**，眼睛一閉其實很快就會過去。

當然，等確認麻藥生效後，才會開始動刀。

在手術過程中，感覺到很多次的拉扯，不時還聽到令人心驚的對話：「ㄟ……怎麼一直出血？那邊處理一下，這邊……那邊……」

我心想：「媽ㄉ，我是血崩了嗎？好像大事不妙。」忍不住兩行老淚默默從眼角流出。躺在手術床上，下半身裸露地任人宰割，我痴痴望著天花板的手術燈想著：「阿母，孩兒不孝啊！老婆，我愛你，來世再見……」突然，聞到空氣中有一陣燒焦味，把我從幻想拉回現實，看來是我的輸精管結紮接近完成了，心裡正暗爽：「也挺簡單的嘛，準備閃人了——」

結果醫生說：「一邊好了，現在該換另外一邊了。」

「步驟跟剛剛一樣嗎？」我不安地問。

醫生眼神笑笑地說：「當然。」

頭已經洗一半了，我咬著牙說：「來吧！」

手術結束後，醫生拿了兩個小罐子給我看，指著罐裡很小的、白白的東西，告訴我那就是輸精管。「謝謝，辛苦了。」我在心裡默默向它們告別。

男人結紮，比女人簡單太多了

在開刀房等待室等資料的時候，我從玻璃門外遠遠就看到我老婆，背著我兒子，坐立難安地在門外走來走去，一臉非常擔心的樣子。我一直比手畫腳想向她表明我沒事，讓她不用擔心，後來才知道，原來門外面是看不到裡面的。儘管只是小手術，但從她的表情我知道，她是真的很著急。我坐在等待室默默地看著門外，雖然傷口導致腹部有點悶痛，但我臉上還是藏不住地微笑，因為**在門外為我著急擔憂的女人，不是別人，是我老婆，我真的很愛她。**

我一走出門外，可能是表情有點慘白，加上因為陰囊有兩個小傷口，走路會刻意想要避開，所以有點像企鵝一樣走路時腳開開的。老婆一看到我這個樣子就捨不得地哭了，一直說：「對不起……」覺得本來應該由她來承擔的。我只是抱著她說：「你哭哭好醜喔！乖，我們回家了，我很快就沒事了。」

在家休養了三、四天，享受著老婆高規格的伺候跟待遇，一星期後，我又生龍活虎，蹦蹦跳跳了。

其實男人結紮，真的比女人簡單太多了！真的很建議，如果以後不想再生，有絕育想法的夫妻，老公就不要再遲疑了。

老婆為我懷孕、辛苦生子，那我替她結紮，其實想想也挺浪漫的，不是嗎？

有多久沒說「我愛你」了呢？

老婆的話

二月十四日的今天，真的好開心。

原本一直以為婚後就沒有資格過情人節，誰知道老公昨天突然叫我行李收一收，說要帶我出去流浪，結果我人今天就在宜蘭了。

原來他兩個月以前就已經偷偷訂好民宿，還特地挑了這一間特別的房間，除了有他小情人亘亘最愛的大型溜滑梯，大情人的我，也收到一束藍玫瑰金莎花，他不知道什麼時候老早就偷訂好花，請民宿老闆代收。老闆娘事後還感嘆地說：「天啊，你老公超浪漫，都兩個孩子的爸了，還這麼有心，卡片內容也好感人。哪像我老公，跟他結婚十幾年，啥米屁都沒送過。」說完還故意瞪了老闆一下，真的很有趣。

謝謝老公，不但大小情人都顧慮到了，還給了我一個驚喜，明天繼續三天兩夜的流浪之旅。你也情人節快樂。

這是我老婆在今年情人節寫的一段話。

看似很浪漫又有心的我，其實，只不過是上網查個資料，再動手打通電話而已，但我老婆就已經非常感動跟開心。

婚後的女人，要的不過就是這一份心意，求的不過就是這一股，「老公始終有把我放在心裡」的感覺罷了。

微小但確實的幸福

我們那幾天住的是便宜的親子民宿，吃的是網友推薦的夜市美食跟特色路邊攤，選擇的景點大多是不用付費的大自然景觀。雖然住的不是五星級大飯店，吃的也不是高檔昂貴的餐館料理，但我們卻很滿足，也很開心。

我們一家兩大兩小，一輛車、一個包包加一個行李箱就能出門，想去哪裡就去哪裡，走走停停，停停走走。遇到塞車，就在車上東聊西聊；肚子餓了，買個小東西在車上吃吃喝喝。趕景點、追時間，永遠不會出現在我們的旅行計畫中。

慢，緩慢地享受著旅行，是太太和我一直都有的共識。

塞車，也許大家會覺得很悶或生氣，但**享受塞車時，在車上的閒聊對話親子時間，也是我們旅行中的一部分**。有時聊到小朋友跟老婆都睡著了，剩下開車的我，總會趁著停紅綠燈的同時，看著坐在副駕駛座的她，和後照鏡中，坐在安全座椅上呼呼大睡的兩個姊弟。

總覺得這樣的我，真的好幸福。

相伴愈久，感情愈需要加溫

很多人在結婚多年後，漸漸地懶了，累了，習慣了，總覺得都老夫老妻了，什麼節慶、生日或是兩人的紀念日，能不過就別過了。除了沒時間之外，經濟也是一項考量。

我承認，婚後為了工作、家庭、小孩，甚至生活上的經濟壓力，常常壓得彼此喘不過氣來，當然也不能再像熱戀或剛談戀愛時，每天想幹嘛就幹嘛，想吃什麼就吃什麼。

但也不能什麼都不做，什麼都不付出啊！

依稀記得多年之前，當時正處於熱戀期的我們，幾乎把彼此都捧在手心上疼，一年裡的各大節慶，除了驚喜還是驚喜，聽不完的甜言蜜語，說不盡的兩人故事，每天有層出不窮的點子跟變化，生活是這麼地精采和多變。

而現在……

有多久沒聽彼此說說心裡的話了？

有多久沒好好在一起吃頓飯，心思只專注在對方身上？

有多久沒跟對方說聲「我愛你」了呢？

結婚是修行的開始

感情是需要經營的。

就像你跟人合夥開了一家公司。為了開這家公司，你辛苦地到處奔波，尋找店面、籌資金、做裝潢，甚至連產品的設計都不假手他人。為了開這家公司，你和合夥人——也就是你的伴侶，中間歷經了多少酸甜苦辣。

好不容易，公司終於開幕了，親朋好友也都一起來祝福跟道賀。

但，難道開幕典禮過後，公司就不用再繼續經營嗎？難道開始營運了，你們兩人就不用再過問公司的任何大小事務了嗎？反正，公司已經成功開幕，也就這樣擺爛放著吧，我累了、倦了、懶了——你會這樣嗎？當然不會。

婚姻也是如此。

結婚不是修成正果，而正是修行的開始。

假使以為公司已經開了起來，就放任不管，那勢必有一天會因為缺乏管理而面臨倒閉。

這正如婚姻。不去經營婚姻，只會讓兩人逐漸形同末路，「老公」、「老婆」也漸漸只剩下一種稱呼，實際上的關係卻連朋友都不如，因為你對身邊的好友，也許都比對自己的牽手還來得好。

你覺得夫妻最怕的是什麼？

我覺得，不是吵架，也不是外遇，**最怕的就是「習慣」，習慣了一成不變的生活，習慣了對方的付出，以及——習慣了，不付出的兩個人。這也是我最怕的，一種習慣。**

新婚磨合期，要兩顆齒輪一起轉動

我中「頭彩」了

「我懷孕了。」當時還是我女友的太太說。

你問我開心嗎？當然！我一直都很喜歡小孩，也很想要有小孩。但很多事情也許老天爺老早都注定好了，我跟當時還是女友的太太，儘管沒有避孕，卻始終沒有「中頭彩」過。為此，我還去做了身體檢查，深怕是自己不孕，等報告出爐，看到一切數據皆正常，我心裡牽掛之事是定了。但對此事也不再強求跟熱衷。也許，只是緣分未到。

那年夏天，聽到電話那頭傳來一句「我懷孕了」的時候，我當場在大馬路上大叫狂跳，開心到不能自已，就好像簽了許多年都沒中的樂透，卻在某一天的下午，意外得知中了頭獎，那種喜悅跟不確定感，真的只有一個字——爽！

可是，冷靜下來之後，我開始思考：接下來呢？

公主與王子也得面對現實

從此，公主與王子就幸福美滿了嗎？當然不是。**生活不是拍電影，我們只是普通到不能再普通的人，我們也必須面對現實生活的種種考驗跟變化。**

「現實」，讓多少對幸福的戀人到了最後形同陌路，甚至反目成仇。

我的個性比較粗心，大而化之，天性樂觀，隨心所欲。但我太太就比較細心，思考細膩，看事情也比較認真跟穩重，只要出遠門，她一定會事先規劃和安排，我常常覺得多此一舉。

我們從價值觀、生活方式、衛生習慣、休閒興趣、交友對象到幾點睡覺……各種大大小小的事情都能吵、都能鬧、都能爭！好幾次我氣到自己衝上頂樓喝悶酒，一邊在想著：我和她，會不會根本就不適合？

但轉而又想，懷著身孕的她是這麼地辛苦，我卻老是為了一些微不足道的幼稚事在跟她計較，甚至耍脾氣。我到底在幹嘛？我心裡問自己。

於是我心裡默默決定了一件事：以後不管發生什麼事情，我一定都要先道歉。

從此，我們之間再也沒有隔夜架，因為我都會主動道歉跟給對方台階下。老婆似乎也漸漸察覺到，有一回，她說：「錯的明明是我，不對的也是我，是我要改才對。怎麼每一次都讓你先道歉？」

因為，我很愛你啊。我笑而不答。

在面對我每次的主動道歉時，她也漸漸跟我有了一個默契：對我，她從不會得理不饒人或是不給我面子。**我們漸漸習慣了彼此的各退一步，也不再那麼以自我為中心地來思考事情。**

爭吵一天天地少了，相處也愈來愈自然。我們愈磨愈合，愈磨愈緊，我們漸漸知道卻從沒說明白的一件事，就是：我們再也不想，離開對方了。

婚姻，像是兩個齒輪的磨合

小時候玩過軌道車，在組裝好一輛四輪驅動車之後，為了讓車跑得更順暢，我必須隨時調整大、小齒輪的緊密度，有的時候，可能是大齒輪需要磨掉一點，有的時候，則必須是小齒輪。齒輪會磨損跟消耗，目的都是為了讓我的車能跑得更快、更順、更好，所以，它們都必須有所犧牲和調整。

換個角度想，**當我們雙方都願意為了彼此的幸福未來，主動地改變跟退讓，使得個性、生活方式以及觀念都不同的兩個人，可以漸漸地更緊密契合，不正像軌道車的關鍵零件——齒輪在磨合？**

很多人嘴巴上說有多愛對方，但是明明婚都結了，心態還老像單身時一樣為所欲為，我行我素。或許對他們來說，結婚只是身分證上多了個名字罷了，等到婚姻出現裂痕或破裂時，才說：「其實他／她根本不適合我……」

但你是否有為了當初的承諾，努力、改變過些什麼呢？是否又有為了雙方的未來，犧牲、奉獻過什麼呢？

假使只有一方在為了當初彼此許下要幸福的承諾，而傻傻努力著，但另一方的態度跟心態卻依舊無關緊要，甚至仍以自我為中心的想法在過生活，那這段過程並不叫磨合，它叫做，折磨。你更要考慮的是，你們兩人是否根本就不適合。

要磨，也得另一半願意陪著你，要合，也要一起苦、一起犧牲、一起改變，一起為了共同的目標而奮鬥。

一輛軌道車，若只剩下了一顆齒輪，試問：它要跟誰磨？跟誰合？不要光想著讓車子跑多快了，它連動，都不能動。

同甘共苦的另一半，是你該用生命守護的人

被留下的人

「富二代——為什麼我不是富二代，卻是負二代？」出社會工作後，每隔一段時間，我就會抬頭這麼問老天爺。

小時候，家裡是做生意的，雖然有一小段日子的生活很難過，但父親憑著獨到的生意眼光和頭腦，將事業做了起來，除了讓我們一家不愁吃穿之外，我也是家中的小王子。一直到上高中之前，我都是有人開車接送上、下學的；在鄉下小地方，同學們都是騎腳踏車或

走路去學校，我，卻是由一輛進口車直接載到校門口。但讓我汗顏的是，我一直到上了國中，都還不會騎腳踏車。

家裡生意好轉以後，爸媽都非常忙，忙到我幾乎很難看見他們一面。從紅白任天堂到SEGA、超任、後期的PS等等，我幾乎什麼遊戲機都有，但我想要的只是父母的陪伴。

高中二年級，父親被友人出賣，導致生意失敗，一夜之間，我們家在外面負債累累，父親也因此鬱鬱寡歡，日也拚夜也拚的後果，導致身體亮起了紅燈。

某一天，人在台北工作的我，接到了家中的噩耗……

是啊，父親離開我們了。

母親捨不得我僅靠一份微薄的薪水，卻要背負起他們經商失敗所帶來的債務，忍痛賤賣土地、房子，連存了許久的保險金也一併解約，只求能多換一點現金，不讓我因壓力過大，步上父親的後路。我們家，幾乎一無所有了。

那時還很年輕的我，對於過去爸媽兩人相伴著打拚的甘苦，只能用想像的。當時我並不知道，有一天，我也會遇到那麼一個人，她願意陪著我一起，同甘共苦。

遇見生命中的女神

那年，我認識了現在的太太，她是那麼年輕、漂亮，大剌剌的個性跟直爽的語氣，總吸引著我的視線，離不開她。

但是，看她身邊朋友開的車子不是賓士，就是雙B，我開的卻是一輛車齡超過十年，烤漆快掉光的中古國產車。這樣的我，根本不敢對她有太多的想像。

有一次，大家一起約唱歌。自卑的我把車停得好遠好遠，再慢慢步行到相約的地點，只為了不讓心儀的女孩看到自己的不足。

唱完歌後，他們一個個都上了高級轎車，我則編了個藉口，說我是搭捷運來的，所以要步行去車站。見她和一群朋友上了友人的賓士車，深夜，我一個人默默地走在台北街頭，心裡只覺得自己好沒用！我想，我一輩子都無法接近這個我一直很喜歡的女生。

「捷運在另外一邊吧，莊先生？」

耳邊突然傳來這句話，這個聲音，我再熟悉不過了。

我猛地一轉身，真的是她！我驚訝得連說話都支支吾吾地。「你……怎麼……會在這裡？你不是上了朋友的車嗎？」

「沒有啊！你說你要搭捷運，但我看你怎麼往反方向走，怕你是喝太多了，等下被撿屁，人財兩失怎麼辦，所以就跟著你啊！反正我住的地方就在捷運站附近，很近。」一向直截了當的她，這時卻變得有點扭捏，眼睛甚至不敢直視著我，老看著旁邊，顯出了我從未見過的害羞。

空氣沉默了幾秒，我一直沒有接話，因為我開心到說不出話了！眼前是我一直很喜歡的女生，而她竟然會擔心起我？

「好啦，你沒事，那我要走囉！」或許是看我沒反應，現場空氣頓時降到低點，她覺得有點尷尬，急忙想離開。

我脫口而出。「那個……你想吃拉麵嗎？」天啊！我說完超後悔的。我在說什麼啊？

「拉麵？你很餓喔？」她噗哧笑了出來。

「也沒有啦……」我摸摸頭。

「哈哈！走啦，我們就去吃拉麵，我也餓了。」她一直彎腰狂笑。

那一晚，一碗拉麵的約會，兩個小時面對面地談天說地，將我們之間的距離拉得很近很近。

戶頭的餘額是0

很幸運地，我跟我心中的女神結了婚，還有了小孩。只不過，第一個面臨的現實變化就是經濟問題。

原本一個人生活雖不算寬裕，但總過得去。有小孩後的日子，開銷實在遠超乎我的想像。當時還有房貸跟卡債的我，一個人蠟燭兩頭燒，真的撐得很辛苦。每個月初薪水進來之後，扣掉一個家基本的生活費、該繳的費用和貸款，戶頭的餘額是——0。沒錯，我一毛錢都沒有。

我有時候一天只吃一餐，常常晚餐就去公司附近的超商解決，那家店有個晚班的櫃檯人員，也因此跟他漸漸熟識起來。有一次，聊到一些我的狀況，他便將快過期下架的食物分給我吃，對當時的我幫助非常大。

就這樣，我一邊想著如何多省一點錢，一邊也盡量不敢讓我太太知道。我想要讓她當個最幸福、開心的孕婦。

哪裡知道，夫妻之間是藏不了祕密的。

有一天，太太突然給我一筆錢，只是簡單地說：「我以前買的和朋友送的那些名牌包，其實都很少用，飾品也沒在戴，擺著好占空間，所以我拿去賣一賣換錢，實用多了。」

她說得好輕鬆，好無所謂，但我聽了好難過。我知道那些包包都還很新，而且保存得非常好，但她就這樣賣掉了。哪有女人不愛名牌包，會嫌占空間的呢？

「對不起，老婆，害你過這種生活……」我一直跟她道歉，同時在心裡發誓，有一天，一定要買更多包包還她。

老婆，有你真好

幾年過去了，生活漸漸穩定，除了本職之外，我也以「口罩男」開創了事業的其他可能性。雖然還是一堆貸款沒還，但我終於不用過著常常向人借錢的生活了。

有一次，繳完所有當月的費用後，我的戶頭終於不是「0」的那天，我開心地抱著太太說：「老婆，終於有餘額了耶，可以吃大餐了！」

她卻敲敲我的頭說：「想得美。好好存下來，把剩下的貸款都還完，才有吃大餐的那天。我們還要更努力、更省一點，才有好日子會來。」

明明就能享受一下的啊！苦日子你陪我吃了這麼多年，能過上好一點點的時候，你卻說不要。

牽手一輩子

夫妻之間同甘共苦，說起來好像很簡單，可是，只有自己真的遇到了才會明白——不容易啊！

苦日子，畢竟不好過。不可否認，大多數人只願意「同甘」，卻無法「同苦」。

但誰可以一直一帆風順、順順利利呢？人生會有高潮，也有低潮，假使身邊的另一半連一點委屈都吞不下，那兩個人要怎麼走完起起伏伏、崎嶇不平的「一輩子」這條路呢？

當自己走在人生最低潮的時候，還願意牽著你的手死都不肯放的人，我想那個人，也是你該用生命去守護的人。

一封十年前的信，竟要十年後的我才懂

老婆的大發現

週末家裡大掃除，老婆發現了一封「某前女友」寫給我的信。

女人對於「前女友」這種生物的好奇心，永遠是旁人無法理解的。老婆就像小女孩找到遺失多年的玩具一樣，在那邊鬼吼鬼叫、蹦蹦跳跳，連打掃用的手套、口罩都來不及脫，就坐在地上，開始專心地讀著信。

我無奈地苦笑，繼續拖地板。

一分鐘多後，老婆竊笑著對我說：「老公，原來你以前也沒多懂女人嘛！」

我疑惑了一下，不解她的意思。

她將信遞給我，說：「你自己慢慢看就知道了，不吵你啦。」說完，便往廚房走去。

我獨留在客廳，靜靜坐在沙發上，無奈地看著信紙，心想：「什麼叫做『我沒多懂女人』？這封信，我以前就看過啦！又沒什麼。」

百思不得其解的我，只好開始一字一句地重讀起這封十年前的信……

一分鐘後，我沉思了一下，笑了。原來——

一封十年前的信，竟要十年後的我才懂。

來自前女友的信

北鼻：

當你看到這封信的時候，我們已經分手了。在一起這麼多年了，說不痛是假的，但很多事情一再地反覆發生，我愛你……但愛得好累。

為什麼你總是要為了線上遊戲跟我吵？

為什麼你總是要自顧自地做著自己想做的事情？

難道我就這麼沒有存在感嗎？你工作累回到家想休息我知道，但你有考慮過我一個人在家等待你的心情嗎？我一整天都沒跟你說到話，甚至連一封關心問候的簡訊都沒有。以前的你，只要有空就會傳簡訊給我，甚至一連串像是文章一樣的浪漫訊息。但現在呢？我不是黏人的女孩，但你不能把我當空氣一樣，我只想要聽聽你的聲音，知道你想我，那就好了，我要的只是一種被愛的感覺，你卻狠心地一滴都不肯給。

今天為了一封「簡訊」，我們分手了，你答應我不會再跟前女友聯繫的，但，她始終都沒有離開你的生活圈過。我看開了，也許你愛過我，但我想你並沒有很愛我，邊寫這封信邊掉著眼淚，是不捨，但又能如何？一個我很愛很愛的男人，但他不愛我，一切都是白搭，我們分手吧，因為我感受不到你愛我的心。言盡於此，說再多也沒用了⋯⋯

祝你幸福。

小夏

原來我一直在寫的，是自己

十年後的我，才能強烈地感受到當時寫這封信的那個女孩，她的眼淚與無奈。她多麼希望當時的我，能為了彼此的將來多一點努力跟改變。她講了再講、求了再求，但我依舊我行我素，認為那是在「做我自己」。

那時的我，根本就是我筆下的爛男人一個！

原來，如今自己一直在寫的故事……都是以前的我。

我不禁回憶起年輕時，身邊總有個女孩，傻傻地愛著自己，是這麼天真跟可愛。她總是有好多話想跟我說，想教會我一些事情，不管是希望我能多心疼她一點、多體貼她一點，又或者多愛她一點。

一個女孩要的只是那麼「一點點」，但男孩肯給的實在太少。常常一忙起來，就忽略身邊的她，老是把朋友兄弟的事情都擺第一，誰找了，就去；誰約了，都好。

記得有一次，說好要帶她去花蓮玩的，計畫了那麼久，討論得這麼開心，也就等著那天的到來——但前一天晚上，一位好友的來電，卻狠心地讓我將她從天堂推到了地獄。

電話那頭，聲音是這麼的急促，一句：「我在錢櫃被人堵了，快來幫我！」我二話不說便直接聯繫其他朋友趕過去。

到現場時，只見好友頭破血流，警察也剛到，現場滿目瘡痍。其他朋友看了看，也就看看而已，之後大家一哄而散，就剩我一個人陪著朋友去醫院，再帶著他到警局做筆錄。等到事情都處理得差不多的時候，已經接近中午時分。

是啊，我爽約了，我沒去花蓮。

回到家時，她已不在，獨留下桌面上一張紙條寫著：

壞蛋，我知道在你心中，兄弟比你的女人還重要，我不怪你，只怪我自己，為什麼要這樣傻傻地愛著你。放在桌上的早餐，嗯，也許已經是晚餐，不知道你看到的時候，已經是何時，但別忘了吃飯，雖然我知道你不是很懂得珍惜自己的身體。

花蓮，我自己去了，偷開著你的車，不過分吧！油錢算在你的頭上，好好休息吧，我最愛的男人。

吃著桌上冷掉的蛋餅，嘆了一口氣，我不知道自己在幹嘛。

對的人與錯的人

年輕時，老把兄弟義氣擺第一，又菸、又酒、又夜店，假日沒喝到天亮不知道什麼叫回家，總是讓父母擔心、女友傷心。

那時的男孩真的不懂，也無法理解女孩想說的一切，認為「女人哪懂我們男人要做的事情」。蠢啊！但那時的我，真的不懂自己蠢在哪裡。

女孩所做的一切跟努力，就像竹籃子打水、肉包子打狗一樣，總是一場空。

每個人總有當過男孩／女孩的時候，可能也曾讓另一方受傷過。或許不是有心要傷人，或許也不是不夠愛，只不過遺憾的是，在那個「時間點」跟「空間點」，兩人始終無法準確地連上線，時間一久，漸漸也就斷了。

對的時間，錯的人；錯的時間，對的人。不是彼此不夠愛，只是，人生注定要談幾場沒結果的戀情。

我想，如果沒有反覆地體會過愛人與被愛、傷人與被傷，人始終長不大，也學不會「珍惜」兩字。

學會珍惜

我輕輕地把信摺好，起身看著廚房。那裡面——忙著炒菜做飯的母親背影，跟在旁邊切菜備料的老婆，還有女兒死死抱著她大腿，在那邊幫倒忙。她們三個人玩得比誰都開心，笑得比誰都燦爛。兩大一小的互相合作，只為了煮一頓飯給我吃，我想，這就是我該珍惜的一切。

也謝謝，所有女孩們曾教會我的事。

當初的男孩，已經長大了。

當你受了傷，我才發現，我有多害怕失去你

驚魂的那一刻

「老公，我的臉被油燙傷了，好痛！」

當你衝上樓說出這句話的時候，我真的被你嚇死了，馬上拖著你到浴室沖水，並拿起手機開始計時，因為右手曾遭大面積深度燙傷的我知道，燙傷後的冷卻是最重要的一環。

看著你蹲在浴室一角，那讓水沾濕的頭髮與慌張的表情，我心疼得要命。

「怎麼辦？會不會毀容？傷是不是很嚴重？」你一直追問。

我一顆心揪在一起，稍微察看了一下，慶幸面積不大。「看起來還好。」安慰著你，我懸在心上的大石頭也暫時放了下來。

沖了將近三十多分鐘的水，接著用冰水袋幫你冰敷，直接開車送往醫院急診室。到了醫院，看著你一邊擔心地詢問醫生：「會不會留疤？」「嚴不嚴重？」眼淚一邊不停地滴落下來，我才知道，原來你受傷，會讓我的心這麼地痛。

如果可以，拜託不要讓這麼重要的她有絲毫差錯好嗎？要燙，我的臉很大，我也不是靠臉吃飯的，麻煩儘管往我的臉上來，但拜託的是，不要這樣折磨和為難我太太。我在心裡默默向老天爺許願。

又哭又笑的日子

受傷後的那幾天，你哭了很多次，但，也笑了很多次。

哭，是因為不小心照到鏡子的時候，臉上的紗布讓你很難過。你總是一直躲著我，不想讓我看到你的正面，甚至把「我好醜」掛在嘴邊，說著：「老公，我好醜，你不要一直看我。」這讓我聽了更心疼。「就算你半邊臉都是繃帶，我還是覺得你很可愛、很漂亮啊！到底是哪裡醜了？我老婆就算整臉都是繃帶，也是最美的。」

「意思是我見不得人嗎？我不要露臉最漂亮嗎？」你嘟著嘴說。

我連忙低頭道歉，深怕你聽進心裡會不開心。你笑著說：「你真的很不會安慰人耶。」

有一天晚上，我用棉棒幫你換藥時，你眼睛瞇瞇，一直微笑看著我。

「怎麼了？心情這麼好？」我問。

你說：「認真專注的老公，好溫柔、也好迷人。而且平常已經很聽話的『小莊子』又變得更聽話，甚至溫柔到不可思議，比我懷女兒跟兒子的時候，對我還要溫柔十幾倍，不知道這算不算因禍得福？」

「你還有心情搞笑！」我苦笑著說。你都不曉得我有多捨不得看到你這副模樣，寧願傷的是我、痛的是我，也不願你有一丁點差錯。**只要能讓你開心，我還可以再更聽話、更溫柔，只要能讓你開心。**

我只是提前先照顧你

那天在醫院換完藥，等著領藥的時候，你突然將頭靠在我的肩上，開口跟我道歉：「對不起，又連累你了，讓你這麼麻煩地天天帶我來醫院，還因為臉上的傷，暫時無法曬到太陽也無法拍照，連我們原本計畫好的旅行都去不成了。我覺得這樣的自己真的很沒用……」

我牽著你的手，眼淚差一點掉了下來。望著你，除了心疼，我想不到該用什麼文字來形容我當下的心情。

我笑著跟你說：「傻瓜！說什麼連累，太見外了。我只是提前先照顧你。我比你年紀大這麼多，以後當我不能動，躺在床上的時候，你可千萬別跑掉，要推我去曬曬太陽，照顧好我呢！」

夫妻，本來就是要一起承受人生的喜怒哀樂。

只要你幸福，都好

這天晚上，你跟小朋友們都熟睡了。我一個人在書房，寫著完成度接近百分百的，我人生的第一本書。隨機播放的音樂，響起了我倆都很喜歡的台語歌手江蕙的〈家後〉，裡面有一段歌詞是：

等待返去的時陣若到　我會讓你先走
因為我會嘸甘　放你　為我目屎流

短短的這兩句歌詞，讓我停下了手邊的工作，不禁回想起有一次我們倆開車出遊時，車子音響放著這首歌，我倆一起哼唱。唱完後，我問你：「假如有這麼一天，我們兩個人有一人得先離開，那你希望是誰先？」

你毫不猶豫便回答：「拜託，當然要是我啊！」

我疑惑，開玩笑地問：「為什麼是你，不是我？你不怕你先走了，我變心跟人跑？」

你說：「變心也好，跟人跑也好，**只要你幸福都好**。因為，我承受不了沒有你的世界，我會很痛苦，也根本無法想像。」

你將車窗打開，享受著郊外才有的獨特陽光跟微風。

我看著你，因為陽光映在臉上而更顯得輪廓分明的側臉。這是我很愛的一個女人。

我沒有多說什麼，但你不知道的是，其實我想的也跟你一樣——你怎麼能這麼自私，想丟下我一個人？

每一天，都是我們相處的最後一天

你的傷讓我意識到，人的血肉之軀是這麼的脆弱，生老病死，終會走到必須離開的一天。

所以，我想把每一天，都當作是兩人相處的最後一天，一樣地疼你、愛你、對待你，這樣當隔天醒來，望著身邊的你，我便能慶幸自己，又多了一天的機會可以繼續愛著你。

只要能跟你在一起，就算是關在家裡一輩子不出門，我也很樂意，但要給我網路跟食物，重點還要有——

你陪我，我才願意。

夫妻出遊不吵架，請先停止碎唸跟責備

大家都預言我們會吵架

二〇一六年三月初，是老婆和我首次一起出國。但我們不是走雙人甜蜜浪漫風，也不是華麗鋪張的貴婦團，而是一趟不要命地，帶著我兩歲大的女兒，大包小包外加一輛嬰兒推車，出發前往日本的「自由行」。

出發前，朋友們都說：「你們根本是找罪受，兩個人絕對會大吵一架。」

我們雙方的親戚則像經驗豐富的老前輩一樣不斷提醒：「出國會遭遇到各種無法預知的

事情，處理起來已經夠煩、夠累了，而且，你們還不是跟團呢！到了日本，沒有導遊、地陪帶著，也沒有遊覽車可搭，地點跟地點之間的移動得用走路和配合地鐵人擠人。情侶出遊都很容易爭吵了，何況你們還帶著小孩，加上大包小包的行李，這鐵定會鬧家庭革命的。」

事先約好了，不碎唸、不責備

說真的，第一天狀況就超級多：

一下子女兒在不該大便的時候大便；一下子我的相機沒電（明明昨天有充飽）；一下子護照突然鬼打牆似地找不到；一下子都快登機了，老婆還在逛免稅商品，找不到人；一下子女兒又狂哭著要喝奶……

最慘的是到了日本要搭地鐵，但有些車站不是一下子就能找著電梯的，所以許多時候，我們得扛著推車、抱著女兒，硬拉著行李走下樓梯。

這些經驗，都跟我單身時「一人一皮箱」就出國旅行的輕鬆自在完全不同。

我笑著跟老婆說：「我們夫妻到底是來出國度假？還是難民來逃難的？」

接下來，每天都有許多小狀況發生，人為或非人為的都有，但很慶幸七天六夜下來，我們並沒有什麼大爭吵。不是我脾氣好，也不是老婆EQ高，而是因為我們出國之前就有彼此做好心理建設，並約法三章：**不管發生什麼事情，雙方都要管好自己的嘴，停止碎唸跟責備。**

翻舊帳，也解決不了眼前的問題

為什麼說「雙方」呢？因為有時候，犯了錯的當事者會無止境地責怪自己、碎唸自己、抱怨自己，氣自己怎麼這麼大意或愚蠢，甚至會因自己犯了錯而遷怒到其他人身上。但是，這樣對解決問題的幫助真的不大，反而影響了另一半出遊的心情與情緒。

而且，一「碎唸」，往往接著就是「翻舊帳」的開始。

明明只是忘記帶了什麼東西，或是一下子事情太多，犯迷糊找不到而已，另一半不幫忙解決也就算了，還常常落井下石，搖身變成「馬後砲碎唸大師」，開始碎唸起什麼：「你就是容易找麻煩、扯後腿、不細心……」又或者開始放砲說：「早就知道你會這樣了，看吧，看吧！都說不要來了，麻煩死了……」甚至翻起舊帳，一條一條要在當下細數一遍，才心滿意足。

其實，與其浪費時間在那邊放砲、唸經，不如閉起嘴，兩人一起先將眼前的問題解決，不是更好？

不管再翻多少舊帳、碎唸再多，問題也不會馬上消失，東西更不會突然出現。何必浪費唇舌呢？

真的值得為此而吵嗎？

很多吵架的情況在事後想想，其實往往都是小事。

就像有一次，我們去花蓮玩，沿途景色真的宛如仙境，在車上的我們，聽著音樂聊著往事，光想像就知道，當時的我們有多放鬆、多享受這趟旅程。但開到中途，女兒突然肚子餓要喝奶，開始吵鬧，小孩的哭聲來得又急又快。

當時還是新手爸爸的我，一下子就慌了，馬上停在路旁請老婆拿熱水出來泡奶，結果她一句：「熱水不是你要帶的嗎？」我傻眼了。

我回說：「小孩的東西不是你在負責的嗎？怎麼又變成是我要帶？」

這句話惹火了她。

「什麼叫做我負責？熱水瓶一直都是你在帶的不是嗎？沒帶干我什麼事情？」就在花蓮的某一段路旁，為了一個熱水瓶，我們兩人誰也不讓誰，再配合著女兒的哭鬧聲，剛剛的悠哉放鬆，全部消失殆盡。

結果沒想到，我剛發動車子開不到一分鐘，前面就有一家便利商店，可以提供熱水讓人泡奶！頓時覺得剛剛在車上，一直鬼打牆地為了是誰該帶熱水、或是誰忘記帶熱水而吵鬧，而破壞出遊心情的我們，真的挺蠢的。

只有夫妻的感情是真的

人都有犯錯或迷糊的時候，難得一家人出遊，不要讓許多小問題而影響了彼此的情緒。出遊時，一定會有許多始料未及的狀況發生，事前的心理建設要先做好。若不幸真的遇到問題時，就一起承擔跟解決。順利處理好之後，就繼續享受這趟旅程，別把剛剛發生的不愉快，在旅途過程中又拿出來責備對方。

有些事情講一遍就好，對方知道，也就夠了。

夫妻，本就是有福一起享、有難一起擔、有問題一起處理，不是有好處就跳出來，遇到壞事便置身事外，還一副事不關己地等著看對方笑話的心態。況且，**今天對方犯的錯，很可能就是自己明天會做的事**。寬容他人就是善待自己。

最後，我有一招是出遊時，夫妻不吵架的「祕方」（純屬個人行為，不鼓勵），那就是：別吵老婆買東西；別讓老婆拿東西；別趕老婆看東西；別煩老婆問東西。老婆買完，主動先埋單，方可逢凶化吉，事事順遂。

至於旅遊結束後的卡費，和皮夾裡突然快速消失的那幾張「小朋友」，要告訴自己——假的。

另一半的笑容，才是真的。

不要愛一個人，
愛到失去了尊嚴、驕傲跟自我。
不要愛一個人，
愛到忘了心疼自己。

太愛一個人的時候，總會忘了心疼自己

你不想聽的實話

已經不知道是第幾次了，聽著你鬼打牆似地抱怨男友，總是重複著同樣的話題跟內容。

「你知道他有多過分嗎？」你哭著問我。

我考慮了一下，對著你這個好姊妹，這一回，我決定實話實說。

「知道，知道，我都知道。不就他昨天騙你說要加班，結果竟然是跟女同事一起去喝酒，聽說還去看了夜景，真的是好浪漫喔！」

你瞪了我一眼。

我裝沒看到，繼續說著：「對了，還有另一次不是在街上，直接被你抓包他和前女友藕斷絲連，兩人還手牽著手在逛街買內衣。還有上上個月，下超大雨的那一次，你打電話叫他去接你下班，他推說家裡有事沒辦法，結果竟然是喝醉了倒在ＫＴＶ，還被那群損友偷拍下他只穿著內褲的照片上傳打卡，真是笑死我了！還有……還有……」

突然有一股寒氣飄來，望著你鐵青的臉色，表情說多難看就有多難看。第六感告訴我，再繼續講下去，倒楣的會是我，於是我話鋒一轉改為安慰：「哎喲，至少他目前還沒有被你抓到跟誰去開房間啊！」

「閉嘴！」你大叫。

「要我閉嘴可以啊，那你什麼時候願意看清收手？」我拿起桌上的酒杯，一飲而盡。

他，只是不愛你了……

小萍，我足足跟你耗了六個多小時。我隨便都能再說出十幾件這男人讓你傷心難過的事情。哪一次，我不是聽你說了再說，哭了再哭，直到你甘願了，並且認真地答應我，這次回去，你絕對要跟那個爛人分手，重新找回自己的微笑跟生活！我才肯放你走。

但隔天呢？

上次你們倆吵完架的隔天，我就見你們在某賣場「打卡」，內容還寫著：「跟親愛的來買晚餐，小確幸。」

「馬ㄉ！」這是我當下的心情。

我為了你跟公司請假，熬夜沒睡覺地聽你訴苦一整晚，都被你踐踏得超級徹底。

但也就氣惱那一秒、兩秒鐘而已，我也不怪你。畢竟……**要離開一個自己很愛的人身邊，實在是很難的一個決定——即使對方，根本不愛自己了。**

愛情是現實的

很多人談戀愛，總是一股腦地一廂情願投入，認為只要自己努力地迎合、付出或改變，最終一定能感動對方，讓雙方「修成正果」，深信自己的名字，終會出現在對方的身分證上。但是卻忘了：**世界上有一種事情，並不是努力就會有回報的，它叫做「愛情」**。

愛情，可說「現實」得出了名。也就是說，我們從自己心裡拿出多少，往往也會不自覺地想從對方身上討回一樣的分量，來填補自己內心的這道缺口。兩人關係的變調，往往也是從單方面地愛過多了、太重了，開始的。的確，我們的愛好重、好多；可是，一旦對方沒有付出同等分量的時候，彼此的關係就很容易失衡——**失去平衡的關係，是會摔死人的。**

到了最後，僅靠自己捧著一顆空蕩蕩的心，在名為「一輩子」的這齣戲中，唱著獨腳戲，未免也太難、太累……

愛情是要心疼自己的

常收到網友私下「密」我，提出的大多是感情上的疑問，像是：

「我老公偷吃／家暴，請問我該怎麼改變，才能挽回他？」

「我女友會慣性劈腿，到底要怎麼做，她才會更愛我？」

「我當小三好幾年了，為什麼他始終都不給我一個名分？」

「她說我很好，她也很喜歡我，但她為什麼遲遲不跟男友分手？」

……

類似的問題太多太多，連一個身為外人的我，讀著讀著，都不禁心疼起這些「當局者迷」的遭遇跟處境。

但是，身在其中的你呢？

「當局者迷，旁觀者清。」有時候，真的要換個角度想一下：假使自己的一些遭遇和狀況，今天換成發生在身邊的親人或摯友身上，你會怎麼開導對方？

試問：你會這樣跟你的親人、好友說嗎？

「老公偷吃／家暴，你就睜一隻眼閉一隻眼嘛！」

「女友慣性劈腿，那一定是你本身有問題，你要改變跟檢討。」

「當小三好幾年——反正都好幾年了，名分有差嗎？」

「她說你很好，那就好了啊。她有男友，有差嗎？當小王也不錯啊！不用負責，多輕鬆……」

你不會，因為你心疼著他們的處境。

但為什麼你自己卻要做著這些蠢事，來讓人心疼呢？

講殘酷點，到底哪來的自信，讓你認為對方會為你而改、為你而變？

「因為我愛得太深又太重。」「因為我已無可自拔。」「因為我只能寄望，或許可以感動對方……」這樣說著的你，語氣裡早已沒了自信，只剩下企求。

好心疼。假使對方根本沒把這些放在眼裡，那無論自己情感丟得再多、放得再重，也只是注定有去無回。

不要愛一個人，愛到失去了尊嚴、驕傲與自我。

不要愛一個人，愛到忘了心疼自己。

幸福如果卑微到要用求來的，那不叫幸福。

那是「不幸」。

偏偏很多人的不幸，都是自己求來的。

你只是這一次，沒愛對人

美夢驟醒

交往一年多了，台北跟高雄的距離，絲毫沒有減輕小琪對男友阿凱的熱情。在高雄工作的她，只要一休假，就會一個人搭著客運北上見阿凱，然後又在深夜時，一個人搭著夜車回高雄。沒能見面的時候，她也常關心著阿凱，擔心：他會不會沒吃飯？他工作順利嗎？

只要能跟心愛的人在一起，這種遠距離交往的點點滴滴，小琪甘之如飴。她單純地相信，只要一心一意地愛著阿凱，他也會用同樣的心意來回報自己。

但她怎麼也料想不到的是，平常「八點檔」在演的那些老套劇情，有一天竟會這麼真實地發生在自己身上……

阿凱生日的前一天晚上，小琪提早北上，想給他一個驚喜。當她拿著自己親手做的蛋糕，悄悄走進阿凱的租屋處時——沒錯，就是你想得到的那種情節：一個女人躺到了原本「應該」屬於她和阿凱的床上，還穿著原本屬於她的睡衣！

做了一年多的美夢瞬間變成噩夢迫使自己驚醒，原來所有承諾、誓言，都只是一場空。

「我錯了嗎？一直一直以來，我那麼專心地愛著一個人，難道錯了嗎？」在回高雄的夜車上，小琪的眼淚沒有停過，鬼打牆似地不斷問自己。

她這麼努力工作，放棄跟姊妹淘出門玩樂的機會，只想多存一點錢，分擔阿凱的壓力。只要一休假，她就連夜搭車北上，即使阿凱要上班，她也願意在家等著他，只想要擁有多一點可以跟對方在一起的時間。

這麼努力在愛對方的自己，為什麼會走到這麼難堪的這一步，她百思不得其解。

「到底是哪裡出了問題？」

「我到底哪裡做錯了？」

走不出糾結的小琪，整個頭腦亂糟糟地接近崩潰，甚至有了尋死的念頭。

是他／她，沒看重你的愛

我們也常有類似的疑慮：在一段關係裡，不就是要好好地愛著對方嗎？為什麼自己愈是投入感情，有時反而愈覺得感受不到對方的愛？

很愛一個人，錯了嗎？

「你不需要自責，也不用懷疑自己的價值。其實，愛本身無關對錯。你只是遇到了一個不把你的愛當一回事的人。你只是這一次，沒愛對人。」

這句話，當時我送給了小琪，現在，也送給你。

一開始交往時，誰不希望對方能夠多愛自己一點，多在乎自己一點。但交往時間久了，習慣了，在有些人的關係裡，幸福的天平開始慢慢失衡，形成了「一方比較愛，一方比較不愛」的情形：愛得情深義重的那方，慢慢地掉入自虐的地獄裡；而沒那麼愛的另一方，一邊享受著被愛的幸福，一邊慢慢飄向天堂。

離開，需要勇氣

我曾收到一個讀者的來信。

口罩男，你好：

首先，先謝謝你的文章，讓我有勇氣離開前夫。

從小父母就離異，家境又不好的我，真的很渴望被愛的感覺。嚮往愛情的我在面對前夫的溫柔攻勢之下，完全沒有招架之力，但婚後這八年，我就像活在地獄一樣。

我很愛我先生，他是我的初戀。我努力地做好一個太太的工作，為了不讓他壓力太大，只有高中畢業的我，白天去市場擺攤，晚上去麵攤當洗碗工。但我前夫好吃懶做，還有賭博跟酗酒的習慣。懷孕後，每次的產檢都是我自己去，就連要生的那一天，他還在跟朋友打牌。小孩出生後，他沒有照顧過半次。就連我生病發燒到三十八度，半夜還是得硬著頭皮爬起來泡奶、哄小孩，而他整個人卻醉死在客廳不醒人事。

有一次，他找小姐被我發現，我接近崩潰地跟他爭論，但換來的是一頓毒打。從此之後，我學會了閉嘴，因為那是保護我自己跟小孩的一個方法。

還記得幾個月前，表姊開車帶我和兒子去海邊散心，看著一望無盡的大海，是這麼的藍這麼的美，不瞞你說，當時我真的很想跳下去。我好後悔，為什麼年輕時，要這麼無怨無悔地愛著這個爛人，足足八年的時間！但看著在身後嬉鬧，玩著吹泡泡的兒子，我放不下。

謝謝你的文章帶給我勇氣跟信心，讓我知道，原來夫妻之間是可以這樣被同等對待的。現在我跟兒子生活雖然很苦，但我很快樂！

祝你們夫妻永遠順心、平安。

我是這麼回她的：

很愛一個人沒錯，你只是這一次沒愛對人。而且，為了錯的人而想不開，你的命也沒有這麼不值。

這個世界很大，感情不是人生的全部，你只是錯了一次，並不代表整個人生都錯。為了交往不到幾個月或結婚幾年的人，而腦筋打結想不開，那對於養了你二、三十年，一直擔心、關心著你的父母，不是很不值得？重點是，對方還背叛了你。

真心相愛，幸福便在

幸福的天平，是需要兩份同樣重量的愛，才能維持住的。

當我們拿出了百分之百的真心放在天平上秤，對方卻擺明了只肯拿出百分之五十，甚至更少，這麼大的落差，為什麼還要繼續下去？又能怎麼繼續？

明知道對方存心坑人，壓根兒就沒誠意尋求彼此的平衡與合理，你也要傻傻地換下去嗎？難道，你百分之一百的真心，就真的這麼不值？

轉過頭看看，身邊也許有其他人很願意用百分之百的真心，甚至更多，維繫起一座你倆之間的關係天平。

一顆心，換到一顆等重的心，只是基本。當你換到了更多，甚至超越本身重量的同時，那就叫做「被愛」和「幸福」，而這兩個，都是我們要努力守護跟珍惜的。

想追求一場公平的交易，其實不難，前提是你必須先讓自己學會和明白，叫對面那位只想以小換大的「假君子真小人」滾下去，百分百的下一位才有機會順利上台。

不然，失衡的愛是不會長久的。

有時候，忍不是應該，不忍才是應該

一個真實故事，令人不勝唏噓

我有個朋友小蘭，她跟丈夫正軒結婚十多年了，育有兩女一男。兩人都在公司擔任主管，經濟上，衣食無缺，感情上，更是人人稱羨的模範夫妻。

然而，就在丈夫正軒換了營業處之後，一切漸漸開始起了變化。

營業處祕書涵珍年輕貌美，個性外向活潑，因工作關係，常與正軒同進同出，兩人之間產生了曖昧的情愫。

生活單純的正軒，大半輩子都在為事業打拚，腦中一向只有工作跟家庭，遇上了花樣多變、生活精采的涵珍，讓他見識到從未有過的世界，他覺得自己的視野變大了。再回頭看家裡的妻子小蘭，是這麼保守、傳統和一成不變，甚至連床上功夫也差強人意。

正軒的衣櫃，原本只有菜市場的百元襯衫，最近陸續出現五顏六色、花花綠綠的專櫃品牌。他開了十幾年的老車，突然脫口想換一輛進口的高級車。以往每次當正軒出門談生意，總會帶著妻子小蘭，兩人夫唱婦隨、鶼鰈情深，但最近正軒老叫妻子在家顧好小孩，等他回家就好。

＊＊＊＊＊

小蘭不是白痴，丈夫的改變，她都看在眼裡，明白在心裡。而當她提出疑問與質疑時，正軒總是大男人似地破口大罵，說她無聊、吃飽太閒。以前的正軒不曾如此惱羞成怒地亂罵人過。現在的正軒，變得很不一樣。

小蘭不想為了小事跟丈夫爭吵，破壞夫妻和諧，所以她選擇「忍耐」。

變本加厲的正軒，有一次跟祕書涵珍吵架，竟喝醉回家發酒瘋，大呼小叫、亂摔東西。為了這件事，夫妻兩人在三更半夜的大吵了一架，還驚嚇到睡夢中的三個小孩。

對很多事還懵懵懂懂的孩子們，顯得很不知所措又害怕。他們從來沒看過爸媽這樣爭吵，爸爸甚至還動手打了媽媽！三個小孩衝過去想阻止爸爸，剛上國一的大姊，因此還被爸爸失手打了一巴掌，嘴角流著血。

對這個家來說，這是一個很不平靜的夜晚。

小蘭繼續選擇「忍耐」，既沒有去提告，也沒有想要離婚。她在心底深處相信，這個當初陪自己打拚、奮鬥的丈夫，只是「一時迷糊」。總有那麼一天，他還是會回到自己身邊。

****

然而，常聽人說：「動手是會習慣的，只要動過一次，就會再動第二次。」就從那一晚之後，正軒只要喝了酒，就會習慣性地以暴力逼迫妻子，甚至被祕書涵珍煽動，想賣房、賣地，來換取兩人更優渥的生活。

正軒逼著妻子轉讓土地跟房子所有權。最後是小蘭拿刀以死相逼，他才「稍微」罷手——房子雖然保住了，不過，鄉下那塊地還是被賤賣了。

對小蘭來說，接下來的日子，只能用「慘不忍睹」來形容。

她每天以淚洗面，撐起養活三個小孩的重擔，加上同事之間的閒言閒語，以及丈夫三不五時回家吵鬧的精神壓力，讓她整個人骨瘦如柴，精神幾近崩潰。但她仍舊選擇「忍耐」，不管丈夫再怎麼施加壓力，她堅持不離婚。她以為這樣是對孩子好。她以為一直忍耐下去，終將有機會化解一切。

****

有天晚上，三個孩子一同走進小蘭的房間。看著曾經容光煥發的媽媽，眼前神采已不再的落寞身影，姊姊牽著妹妹和弟弟的手，緊抱住媽媽，哭著說：

「媽媽，不要再忍了好嗎？不要再為了我們姊弟忍耐這些了。拜託你跟爸爸離婚吧！我們不想要這樣的生活。我們不想要每天看到你被爸爸傷害。我們不想要半夜突然被吵架聲驚醒。我們更不想要看到，當初心中那個完美的好爸爸，一點一滴地正在變成陌生人……」

小蘭抱著三個小孩大哭。她心裡終於有了答案，她總算明白了，**感情是忍不了的**，而自己的婚姻，其實早就已經退到沒有後路了。

海闊天空？還是萬丈深淵？

每當聽到誰家的老公偷吃了、誰家的老婆翻牆找小王了、誰打了誰、誰背叛了誰、誰的家庭多慘多慘……而身邊的長輩「苦口婆心」地勸說：

「唉！為了小孩要忍一下啊，為了你的生活更要忍一忍啊。」

我聽了都很想翻白眼，因為講這句話的人，很不負責任——忍又不是你在忍，痛苦又不是你在痛苦，憑什麼說這句話？

的確，有句經典的話是這麼說的：「忍一時風平浪靜，退一步海闊天空。」但是，如果這場暴風雨永遠不走，忍得了一時，那二時、三時、四時呢？真能忍到它停為止嗎？而如果再退一步就是萬丈深淵，掉下去便會碎屍萬段，還有誰想繼續退下去嗎？

另外還有一句話說：「有人打了你右臉，那你左臉也要給他打，不要跟對方計較，要忍耐並用愛來感化他。」

不好意思，我不是聖人，也沒這種大愛。誰只要碰了「我的左臉」，我一定把他扁到「沒臉」。會在感情世界裡無所謂地傷害他人的人，是很自私和自我的。這樣的人，看不見別人的付出、犧牲與退讓，甚至往往只會得寸進尺，柿子挑軟的吃。

婚姻中，有多少好老公、好老婆，一再地委曲求全，相忍為家、為了小孩、為了彼此。如此犧牲自我的結果，大多換來的是什麼？結了婚的讀者們，你知，我知，天下知。

愛的忍讓，不是姑息放縱

會珍惜的人，就懂得珍惜。若面對的是不知道要珍惜的人，就算自己忍到死、做到殘廢，也很難得到回應，甚至還被當成是應該的。

然而，從交往中的男女到走入婚姻的夫妻，沒有誰「應該」要為了誰，去忍耐些什麼。會有所忍耐，往往是以為：**假使自己的犧牲，能讓對方產生良好的變化，或是對方能抱著感恩的心情，讓彼此可以走得更遠，那麼在某些小事上，退一步、忍一下也不為過，因為代價「很值得」**。畢竟人都是帶著缺點來到這世上，既然選擇共組家庭，那麼忍耐或接受對方的不完美，是正常、也是應該的。

不過，假使對方的缺點是屬於暴力、謊言、謾罵、劈腿、外遇……這類正常人無法接受的事情，甚至於自己的忍耐還造就了對方的得寸進尺、變本加厲與為所欲為，那麼，忍只成了一種姑息。

泥人也有三分火，到了忍無可忍時，無須再忍。

有時候，在一段不幸的關係裡，忍不是應該，不忍才是應該。

誰說女人一定要靠男人，才能活下去呢？

是「她」的故事？還是「你」的寫照？

她不會騎車，一直以來也沒想過要學開車。婚前，喜歡大自然的她，常賴著男友趁著休假時，開車帶她出門走走，就算只是看看山、看看海，她也很滿足。

她也把這個期待帶入了婚姻之中。但明明是同一個男人，婚後多了「丈夫」的頭銜，卻少了當男友時的體貼，或者說，似乎是懶了、倦了。「這個週末沒事，我們開車出去逛逛吧？」每當她有類似的提議，丈夫老是用各式各樣的藉口來搪塞。

等啊等，一直等不到丈夫帶自己出門，終於，她鼓起了勇氣去報名汽車駕訓班，認真讀著題庫，練習開車。一個月後，她拿到了人生的第一張汽車駕照。

＊＊＊＊＊

有了駕照，但她其實是個小路痴，常常迷路，也看不懂地圖，就連用ＧＰＳ導航都常常搞不定。當她打電話問丈夫某條路怎麼走或某個方向時，電話那一端的他不耐煩地說：「你真的好煩！一點方向感都沒有，都不會試著學一下嗎？」

「的確，這樣下去也不是辦法。」她想。不久，她痛下決心真正開始投入，認真學習怎麼使用地圖。

＊＊＊＊＊

結婚、生子，一路走來，她在經濟上一直依靠著丈夫，因為當初他在求婚時，霸氣地說：「你不用去上班了，往後的日子讓我好好照顧你吧！」

她選擇了相信，毅然辭去原本待遇和福利都不錯的工作，當起了全職媽媽。

但漸漸地，她發現自己怎麼做就怎麼錯，連買一些兒子、女兒的小東西，和繳一些日常開銷的帳單，都會被丈夫臭罵：「你是不會理財和持家嗎？賺錢有多辛苦，你是不知道嗎？不要想買什麼就買什麼，愛花什麼就花什麼，我壓力很大。」

丈夫一個人擔起家計，壓力的確不小，於是她動了找工作的念頭，試著重新投入職場，雖然捨不得，但也只能把小孩交給保母。

白天上班，晚上顧家庭，這樣的生活真的很累很累，但當她看著存款簿裡的數字一個月比一個月增加一點，知道自己終於不用再看丈夫的臉色了。

＊＊＊＊

那陣子，她發現丈夫外面有其他女人，就在心裡一陣激動過去後，瞬間她驚覺：自己竟然沒有任何傷心！曾幾何時，她對丈夫的感覺淡了，依賴也早沒了。

她很冷靜地收著行李，並要丈夫簽字離婚。

起初，他低聲下氣地求情、道歉，但到了最後，看妻子心意已決，竟然惱羞成怒地摔東西，不但大罵她太現實、太自私，還反指她外面一定也有其他男人，才會這樣狠心地不顧小孩和夫妻情面，執意要離婚。

她整個心碎了，背對著丈夫，堅定地說：「我曾經是你最親密的愛人，但每次需要你的時候，換來的總是你的冷嘲熱諷、袖手旁觀。

「以前談戀愛的時候，你總會帶我去旅行；結婚後，你總說很忙、很累，從來不帶我跟小孩出門，所以，我學會了自己開車。你明知道我是路痴，每次問你路的時候，你卻只會掛我電話，嫌我煩，從不擔心我在外面的安危。

「結婚的時候，你叫我辭掉工作，說往後的日子就讓你來好好照顧我。可是現實的是，生了孩子後，我連買一罐小孩的奶粉也要被你罵。我受不了你連花在自己小孩身上都那麼計較，所以我去上班。

「是你把我訓練得如此獨立、堅強、成熟。多年來，我什麼都靠自己，什麼都自己來，老實說，要不是你的身分是孩子的爸，我甚至想不到你這個丈夫存在的必要性……如今，你在外面有了別的女人，我想這『必要性』也可以省略了。」

規劃一份自己的婚姻保單

如果婚姻有保險可買，我想應該是一張全世界最好賣的保單——舉凡遭家暴受傷、配偶外遇……雙方只要離婚成立，就能有所理賠——但相對地，也會是賠最慘的一張。可想而知，這種保險是不太可能存在的，因為沒有人會發明這種「穩賠不賺」的保單。

但女人在進入婚姻生活之前，是可以先替自己規劃好一份保障的。

身邊很多婚後的女性友人，過得不幸福、甚至很痛苦，卻一直離不開對方，雖然原因很多種，但主要還是在「經濟上不獨立」，甚至沒有一份「存款」，假使真的順利離了婚，也取得小孩的監護權，但試問：要用什麼養？贍養費連塞牙縫都不夠了，別奢望了。因此，最後她們不肯離開一段痛苦婚姻的主要原因，往往是經濟問題。

連養活自己都是個問題，在這段婚姻裡，雙方的立足點就不平衡。所以**每個女人要進入婚姻生活之前，一定要先替自己規劃一份屬於自己的「保單」**。以下，是保單的參考內容。

主約設定：經濟一定要獨立

這社會是很現實的，不管你在家多賢慧，多相夫教子，只要沒收入等同沒貢獻，你必須看人臉色吃穿。家裡過得去的時候，長輩或老公可能還會說沒關係，要你專心在家顧好小孩就好；但只要經濟一有困難，各種對自己不平等的待遇和言語傷害都會漸漸浮出檯面。**只有讓自己「經濟獨立」，你才有談判說話的空間，在家中的地位才不會矮人一截，尊嚴也才會重新回到你身上。**

關於保單附約的三大建議

主約有了，保單附約就看每個人需求，我的建議是：

一、一定要有存款：有錢好辦事，沒錢萬事難，有一筆存款在自己身上，對自己也是一種保障，不管是嫁入豪門或是一般家庭，千萬不要身無分文地進去。拿人手短、吃人嘴軟，如果老公再廢柴一點，你往後就只能看人臉色過日子，既沒尊嚴，又沒安全感。

二、能工作就不要停，有工作也不要放：不要聽信男人說要「養你」或是「在家好好帶小孩就好」的話，等他養不起或心情不好時，沒工作的你就準備遭殃。連買一個小朋友的東西都要看人臉色的生活，你確定會想過？而且有工作，也才不至於跟社會脫節，又能從工作中得到些許的成就與肯定，不會因在家久了，逐漸對自我產生否定，甚至失去自信，害怕踏入職場和人群。

三、多充實自己，多方嘗試：很多女人在有了小孩之後，總覺得被小孩綁住了，做什麼都綁手綁腳。其實，有捨才有得，不可能凡事都面面俱到。你想當（或是經濟狀況而必須當）職業媽媽，小孩勢必就是給保母帶，既然如此，就不要老是擔憂著：「小孩會不會跟自己不親？保母會不會虐待兒童？」還沒做就想這麼多，那也就不用做了。

至於全職媽媽，雖然選擇（或是一些原因使然而必須）在家專心帶小孩，但也不要忘記持續經營與投資自己。依附在丈夫的保護傘之下雖然很舒服，但千萬別鬆懈怠慢，很多事情不是全職媽媽不能做，而是你沒有去做而已。

再愛他，你也要學會獨立

一份保單的順利成立，就是主約加上附約，所以只要你經濟獨立，基本上就有一份基礎的婚後保障。至於附約要怎麼加加減減，就看自己的需求及能力。

與其要看別人的臉色去過想要的生活，還不如靠自己來得快樂跟實在。結婚後不該就是一定男主外或女主內，也不一定妻子就要靠丈夫金援才能過活。

女人在各種事情的表現上，都不比男人差，甚至有些還優於男人，會表現出依賴、需要另一半的樣子，有時候，只是單純地喜歡被寵愛的感覺罷了。

所以在這裡也要對我們這些做「另一半」的說：**當身邊的她需要你的時候，不要覺得麻**

煩，被需要是一件好事。兩人相處除了愛，還有著「互補」跟「互需」。當對方在你身上感受不到被愛與安全感的時候，試問你又能拿什麼留住她呢？

「婚姻」的保單，你要自己買

能與另一半互相疼愛一輩子，是每個人夢寐以求的生活，但天有不測風雲，人有旦夕禍福，現階段的幸福並不代表永遠的幸福。**聰明的女性什麼都要會，但什麼都要裝不會。**因為假使已經有個寵愛自己的老公在了，幹嘛搶著當女強人，凡事都要自己來？當然要偽裝成弱女子，一方面給他機會好好表現，一方面省得自己累得半死。

但如果不幸，丈夫婚後變成一個大爛人，那也不用過於擔心，因為你原本就是個獨立自主的新女性，只要輕輕抬起纖細的美腿（也可能是強而有力的象腿，那殺傷力更夠），並狠狠地迅速一腳將對方踹開，你依舊能過著幸福自在的生活。

誰說女人一定要靠男人才能活下去？婚姻的保單，你必須自己先買好才行。

爛人，就是一個沒那麼愛你的人罷了

你為什麼不幸福？

每次回讀者來信的時候，最常看到的問題就是：另一半外遇、劈腿、不肯負責、酗酒、賭博、家暴等等。我忍不住想，這些用一個字來形容就是：「爛」。

處理爛人最簡單的方式就是，包袱款款，直接離開對方。但大多數人，包含我自己在內，卻都喜歡選擇最困難的方式——改變對方。

我們在感情路上，難免會遇到渣男或渣女，但是當你哀嘆著：「我為什麼一直遇不到對的人？」而羨慕別人的幸福時，要知道，不是你八字特別不好或天生在感情上特別倒楣，多半是**因為遇到那些「渣渣」時，你老是學不會放手、記不住教訓，跟不夠愛自己。**

我被同一個女人騙了好幾次……

我曾經有過一段短暫的戀情，跟她認識沒多久，我就陷入了熱戀。當時我們並沒有住在一起，我下了班會去找她約會，各自回家後，再繼續通電話和傳簡訊。

起初，我並沒有想太多，但漸漸地注意到，她明明是一個人住，卻不准我在她家過夜；有訊息或電話來時，她常常不願意在我面前接起，當我問她怎麼不接，她解釋得很好聽：「都跟你出來了，我現在只想專心陪你，其他的事，才不想管呢！」（天啊，真的超會！）

一起出去玩，她也不願和我打卡、把合照上傳，理由是：「我覺得啊，我們才剛交往，還不夠穩定，我住在南部的爸媽常會上網看我的動態，我怕他們擔心。等我們再穩定一點後，我就正式把你介紹給我爸媽。」還加碼說：「我以前從來沒有帶男朋友回家給我爸媽看，你是第一個，他們一定會很開心！」

將我正式介紹給她父母，還是第一個帶回家的男友，好害羞！這樣不就表示要論及婚嫁了嗎？我不就是她生命中最重要的人嗎？

我承認，當時的我是個白痴。雖然總覺得哪裡怪怪的，但陷入熱戀的我根本沒想到這麼多。直到後來發現了，原來她和前男友還藕斷絲連，甚至還有著親密的關係，瞬間才清醒：她那些看似正常又合情合理的理由跟行為，其實，一點都不正常。

事情都發展到這種地步，應該就分手了吧？不好意思，我還是選擇原諒了她。結果，又一再地被欺騙……是的，我被同一個女人，騙了好幾次。

當他帶了另一個女人回家……

有一次跟老婆當笑話講，聊到那些往事，她安慰我：「你這樣算還好了。哪像我，有一次我中午向公司請假，回家拿些衣服，結果當我在更衣間裡的時候，當時的男友竟然帶著別的女人回家，兩人撲倒在我們的床上……」

「那你當時怎麼處理？」我問。

她淡定地說：「原本我好心想讓他們辦完正事啊，可是更衣間實在太小、太悶了，我待在裡面真的受不了，只好默默走出來，說了一句：『你們繼續，不用管我，我只是回來拿個東西而已。』」

那件事之後，總該以分手收場了吧？不好意思，她跟我一樣，還是選擇原諒了對方。

當時的我們，其實明明都知道另一半有問題，但就是不肯放手，不願面對現實，總覺得對方一定會改變、一定會收斂，然而，最後的發展往往跟期待的不一樣。

你的人生，不該賠在那個「不值得」的人身上

你也跟以前的我一樣嗎？常常很羨慕身邊幸福的朋友，覺得他們命好，可以遇到那麼優秀的另一半；至於自己，一定是上輩子欠了什麼鳥事沒還，這輩子才會過得如此悽慘。

其實真的去了解他們的故事之後，會發現他們並不是命比較好，也不是比別人多了點幸運，而是**他們有勇氣放開那些「不對的人」，認清自己的人生不該賠在那個「不值得」的人身上。**

當你不斷地拿熱臉去貼冷屁股，不斷地讓別人傷害你、糟蹋你，不斷地將臉湊到對方的面前，去讓對方打——究竟是對方有問題，還是你自己有問題？

究竟是對方害你不幸福，還是你自己不想幸福？

他會這麼爛，是因為根本就不愛你啊！

不要因為愛跟不甘心，就把一個「爛人」當作是「好人」，更別把他們做的「爛事」，當作是「沒事」。

爛人，就是一個沒那麼愛你的人罷了。他離開了你，也許就變成了別人眼中的好人。別老是不斷地催眠自己、欺騙自己說：「他還愛我」、「他並沒有這麼壞」、「他這次應該就會改了，再給他一次機會好了」……

朋友們！不愛就是不愛，他不會一覺醒來就變得很愛你；原本不珍惜你的，也不會過了今天，明天就突然變得懂得對你好。更不要覺得離開了一個爛人，就好像世界末日一樣。

你只不過是離開了一個不愛你的他，而他卻是失去了一個很愛他的你。誰比較吃虧？挺明顯的，該哭的人，應該是他，絕對不該是你。

想徹底解決掉不幸福的人生，問題根本不是出在那些爛人的身上，而是出在一直不願離開爛人身邊的——你。

認清現實吧！

他會這麼爛，是因為根本就不愛你啊！

女婿和媳婦，都需要同理心善待

回家

老婆從小就是由她的阿嬤帶大。從平時跟她的談話之中不難發現，她和阿嬤的感情非常深厚，好幾次半夜裡聊到阿嬤時，她都會情不自禁地掉下眼淚。

記憶中，第一次陪老婆回娘家時，阿嬤根本把我當成「貴賓」在接待。門一開，就看到阿嬤站在門口迎接，還幫我準備好了拖鞋。

之後的倒茶、上水果、送甜湯和冷氣吹到飽更不用說——那天離開後，聽老婆說了我才知道，阿嬤是很節省的人，平常不管再熱也不開冷氣的，只有對我是特例。

吃晚飯時，滿桌山珍海味，我心想：「整桌只有五個人，真的吃得完這十人份的菜嗎？」吃飯的過程中，幾乎每道菜，阿嬤都幫我挾了好幾輪。這可是我第一次吃飯不用自己挾菜。

晚飯後，我一個人坐在客廳，吃著切好的水果，翻著老婆小時候的相本，心情格外愜意。從沒想到除了自己家以外的地方，竟然也可以這麼舒服自在。

阿嬤的請求：「請對我孫女多疼一點……」

正看著老婆小時候的相片在偷笑時，阿嬤也來到客廳，問我：「翔，有吃飽嗎？」

瞬間，我有種回到家中的熟悉感，因為我母親也是這樣叫我，翔。

「有啊！阿嬤，你不要再忙了，我吃好飽，你快過來休息。」我連忙起身攙扶著她。

「沒有忙啦！對你很不好意思，家裡沒什麼好東西，又簡陋，希望你不要嫌棄。」阿嬤一直很不好意思地對我點頭道歉。

「阿嬤，真的很好了，今天讓你費心了。」我也跟著點頭起來，但把道歉換成道謝。

阿嬤坐到我身邊，注意到我在看老婆小時候的照片，貼心地一張張幫我解說：「這張是妹仔（我老婆的稱呼）剛出生的時候，在家裡拍的。這張是她第一次去動物園。這張……」

講著講著，阿嬤突然握著我的手說：「翔啊，妹仔比較憨慢，以後還請你多多擔待。她命不好，爸爸很小就離開，媽媽又忙著工作疏於照顧，很多人情世故眉眉角角，她都不懂也不會，是阿嬤憨慢不會教，把她寵壞了，是阿嬤不對。但還是希望你跟媽媽能多多擔待，照顧她一點。該教的要教，該磨的要磨，她還年輕，可以吃點苦，但如果可以，別讓她太委屈了，好嗎？」阿嬤吸了一下鼻子，很認真地專注看著我，繼續說：「阿嬤家裡窮，給不起什麼貴重的東西讓妹仔帶過去，是阿嬤對不起她。但阿嬤真的給你拜託拜託，希望你能多疼她一點。如果你不疼，假如我不在了，就沒人疼她了……」

說到傷心處，阿嬤的眼睛泛紅了起來。

我的眼淚也跟著在眼眶轉了兩圈，勉強地笑了一下，握緊阿嬤的手說：「阿嬤，你放心啦！我比她大很多，我不僅會疼她，還會把她當作寶貝女兒一樣秀命命的。你放心地把她交給我吧！我不會讓她苦，也不會讓她受委屈的。」

阿嬤聽了，開心地擦乾眼淚，笑了出來。

也不用多，只要同理心地善待

娘家人往往對女婿都很好，是因為，**希望女兒嫁過去的時候，能像自己疼愛女婿一樣地被照顧**，畢竟女兒嫁出去後，所有的酸甜苦辣，都必須自己概括承受。

身為娘家的父母，看不到，也幫不上忙，有時候真的覺得很無力，只能試著對女婿好一點，甚至百般奉承女婿，這也是希望能喚醒親家的同理心，讓他們也可以善待自己的女兒。

但可惜的是，即便做得再多，有的媳婦在婆家還是被當成外人，甚至像個幫傭。

「丈母娘看女婿，愈看愈有趣」，但「婆婆看兒媳，往往不對眼」，簡單的這兩句話，也代表了兩者在身分跟生活上的差別。女婿、媳婦，兩種命。

「如果你不疼，假如我不在了，就沒人疼她了。」

「她可以吃苦，但如果可以，別讓她太委屈了，好嗎？」

這兩句話，是一個心疼自己出嫁的孫女的阿嬤，真實的心情告白，我想也是許多家有女兒的父母，心裡想對未來的女婿和親家說的話。

將心比心一點，女婿是半子，媳婦怎麼就是外人——假使我對你的兒子不差，能不能也對我的女兒，好一點呢？

第一次看電影，我帶了別的女人去

無數個第一次，沒有「她」……

第一次看電影，我帶了別的女人去。
第一次出遠門，我帶了別的女人去。
第一次上餐廳，我帶了別的女人去。
回頭想想，我好多人生的第一次，都給了我「母親」以外的女人。

有媽媽寵愛，是幸福

小時候有一段時間家境很不好，連菜都快買不起，父親更是管教嚴格，我想買一個玩具根本是天方夜譚。

有一次，跟家人走在街上，也不知道當時的自己在鬼打牆什麼，看到一台遙控車真的好想要，我死都不肯走。結果父親不但當街拖著我走，還直接甩我一巴掌，但我還是倔強地不肯離開。父親拿我沒轍，便直接丟我一人在街上。

母親從市場買好了菜出來，看到我一個人坐在地上哭，趕緊跑了過來抱著我，問：「怎麼回事？爸爸呢？」

「我想要那台遙控車，爸爸不買給我。同學都有，為什麼我沒有？為什麼同學什麼都能買，我們家什麼都不能買？為什麼？」我哭著說。當時的我，不知道家裡連飯錢都要跟人借。

母親摸著我的頭安撫著我，等到我不哭的時候，她牽著我回到了市場裡。我問她：「阿母，你菜不是買好了，我們幹嘛走回來？」

她沒有多說什麼，叫我等著。

我就這樣看著她的背影，走回原本賣菜跟賣魚的叔叔、阿姨那攤，將菜都退了回去，邊退邊低頭道歉，那叔叔的臉說有多難看就有多難看，還一直罵著我媽。

過了一會兒，我手上就拿著一台一直想要的遙控車。

是啊，她把我們一家借來的吃飯錢，拿去買了遙控車給我。

我只是對她忙而已

現在回想起來還很內疚：離家工作的那幾年，從台中鄉下到了台北的我，就像是脫韁野馬一樣。我迷上了台北的繁華跟夜生活，我抽菸、喝酒、玩樂，薪水都拿去買衣服、鞋子、飾品，還有花在女友身上。我每天努力地包裝自己，不想跟不上身邊的朋友，更不願被人瞧不起我是鄉下來的小孩。

當時的我，朋友比家人重要很多。

當時的我，很蠢。

台北與台中的距離，漸漸將我和母親的心，愈拉愈遠。母親每次問我何時能回家，我總用工作很忙當藉口，說忙到無法回家。甚至當她打電話來關心，我也很少接過。

我真有這麼忙嗎？忙到無法回家？忙到連電話都不能接？忙到連一句晚安，都沒說過？

我不忙，我只是對她忙。

來不及的後悔

第一次從台北飛奔回家，是參加我爸的喪事。是啊，他連最後一面，都看不到我……

那是二〇〇九年的十月十四號星期六，我跟一群朋友去唱歌、喝酒。當我在旅館酒醒後，看到手機裡有未接來電三十多通，和一則簡訊。簡訊字不多，感覺發簡訊的人似乎連打字都沒什麼氣力跟時間，而內容只有短短一句：

「快回來，爸不行了。」

我崩潰了。

搭著高鐵衝回鄉下老家，當計程車開到家門口的時候，我心想：「別開玩笑了！這是真的嗎？」

為什麼會有靈堂？為什麼上面要擺我父親的照片？為什麼我父親，要靜靜地躺在客廳？……

最幸福的一段時光

你，是不是也正在做我以前做過的傻事？

是不是也整顆心，都在男友、女友、朋友，甚至玩樂上？男友開心你就開心，女友難過你就難過，但父母的擔心、難過與傷心，誰在乎過？

二〇一六年，母親因病須住院開刀，我向公司請了長假，陪在她身邊。

當推著輪椅帶她到手術房的時候，我心好痛，一直這麼堅強跟健康的母親，現在竟然只能坐在輪椅上，虛弱得讓我心疼。

「媽，加油喔。別怕，我在這裡。」什麼都不能做的我，緊緊牽著她的手，故作鎮定地對她說。

我嘴上叫她別怕，但我比誰都還害怕。

媽，我害怕的是，你一直在我身邊這麼理所當然的事，會突然消失。

手術後的那幾天，我們每天在醫院，一起起床、一起睡覺，一起聊父親年輕時的豐功偉業，一起聊著我和姊姊小時候的趣事。我牽著媽媽去廁所，我蹲著幫媽媽穿鞋，我開著車去買媽媽想吃的東西。

看她躺在病床上吃著愛吃的食物時，一臉滿足的樣子，我的眼淚在眼眶裡打轉。

媽媽，我真的好愛好愛你，我真的不能沒有你。我好後悔，年輕時怎麼盡做一些蠢事讓你擔心。

我好後悔，為什麼不能多陪在家人的身邊，**直到現在才知道，能被父母罵、囉嗦、嘮叨，是多幸福的一件事。**

母親出院後的某天，我們兩人像小情侶一樣，牽著手看了場電影，還回到高雄旗津的老家一趟。去遊樂園坐纜車時，媽媽和我一樣都有懼高症，兩人臉色慘白地看著對方笑。

老媽，雖然我很多的第一次都給了別的女人，但以後的每一次，我都想帶著你一起。

你也準備好，拿起電話了嗎？

有一句台灣諺語：「雙手抱孩兒，才知爸母時。」自己有了小孩之後，才能體會做爸媽的辛苦。

老爸，當我明白的時候，你早已走了。苦日子，你幫我們吃完了；當好日子來的時候，你連一頓好料都不肯吃，就帥氣地離開。真的是除了帥，我也找不到其他的形容詞來形容你。

至於你一直牽掛的媽媽，不用擔心——你的女人，由我來照顧。

謝謝耐心看完的朋友，如果有空，能打個電話給家裡的父母，閒話家常一下嗎？

女人要的只是那麼「一點點」，
但男人肯給的往往太少。
原來，如今自己一直在寫的故事，
都是以前的我……

PART 2

給男人的但書

對重要的人，要麼不答應，答應了就要做到

信用問題

跟太太在交往期間，她和我幾乎是菸不離身，抽菸可以算是我們小倆口的一個共同興趣。至於戒菸對我們來說，壓根兒是想都沒想過，因為這麼舒服的事情，怎麼可能去改變。

直到某天，看到電視的一個親子節目，那螢幕上，女兒跟爸爸的互動是那麼溫馨又自然，我隨口說出：「天啊！好想要一個女兒陪我玩喔！」

老婆也很自然地回說：「好啊，生一個給你。那這樣我要先戒菸，不然對寶寶的身體不好。」

瞬間我聽了很開心，但心裡其實不是很相信，因為她是一天接近抽一包菸的人，跟我說要戒菸——騙我沒出過社會喔？抽菸容易，戒菸難啊！我自己每次戒菸，也就堅持了那麼幾天，最後還不是乖乖回到香菸的溫柔懷抱中。

說要戒菸之後的那幾天，當時還是我女友的太太，就開始把家裡所有的香菸都丟掉或送人。我原以為她是三分鐘熱度，還在替那些香菸心疼，想搶救一下偷藏起來，畢竟都是錢啊！而且那時的我並沒有戒菸，所以三不五時還會故意約她去抽一下。

我的想法是：「老婆，抽一根有差嗎？戒得這麼痛苦幹嘛？」

誰知她很認真地回我說：「有差好不好！」還反問我：「如果今天我在外面亂搞，偷吃了一次，你覺得有沒有差？**這是信用問題，說不抽就不該抽，說不偷吃就不會偷吃。**」

頓時，我無法辯解。

接著，她笑著對我說：「戒菸是我對你的承諾。我是真心想幫你生一個健康寶寶。」聽到這句話的時候，我真的很內疚，也很感動，直接熄掉了自己手上那根菸，說：「你能，為什麼我不能？我也不想讓你再吸二手菸了，要抽一起抽，要戒一起戒。」

一起戒菸後的某一天，老婆就懷孕了，十個月後，生下了一個活潑健康的乖女兒。

真的在乎，就會說話算話

回頭想想自己，談了這麼多次失敗的愛情，不就是敗在對方或自己的「不講信用」嗎？

明明答應過對方，說好了下次一定會改，但過了幾天，依舊我行我素。

明明跟自己約定好了，但對方總是一再地食言。

明明彼此都說過不再讓對方討厭、生氣、難過了，卻老是一再犯錯，挑戰彼此的極限。

太多對愛侶，把自己的承諾和信用踐踏得很徹底，嘴巴上說著多愛，但行為上卻一點也不肯兌現。做人最基本的道理「言而有信」，卻一點也不肯用在最重要的人身上。

一段感情如果沒有了信用，那空有再多的愛，也會被消磨殆盡，無論說有多重視對方，也只是空氣而已。如果真的很在乎對方，就會說話算話；如果真的很愛對方，就會去遵守諾言，因為我們知道一再地失信、傷害對方的心，只會讓自己失去對方的愛。

同樣地，愛著你的那個人，也會遵守對你的種種承諾，即使做不到百分百，也會有個七、八分。

如果只會說一套、做一套，留這種「演技派」的人在身邊幹嘛？戲看久了也會膩的。

失信於愛，終究會失去所愛

過去，我是個很隨性的人。我曾經的人生觀是：又沒人知道，哪有這麼嚴重？我答應過很多次以前的女友，不抽菸、不喝酒、不跟女生曖昧。但獨自一人的時候，心想：「又沒人知道，哪有這麼嚴重？抽一根菸會怎樣？喝一杯酒會怎樣？跟女生曖昧一下又會怎麼樣？」

我沒有發現到，其實我一直在踐踏自己的承諾跟人格，而女友也因此一個一個離我而去……直到後來我才明白，不管嘴巴上說著多愛對方，如果答應過的事情都無法做到，那麼這種愛也不過如此而已。不用把自己說得多專情、多偉大，或許，其實我們根本沒自己所想的那麼愛對方。

那段戀情，我們交往了六年，也吵了六年。現在細細回憶起當時的點點滴滴，不就是自己一而再、再而三地說話沒信用，只會畫大餅給人美好的夢想，卻連最小的改變都沒努力過。

當時的女友很忌諱我喝酒晚歸。有一次，我照樣喝到三更半夜才回家，她氣到直接收拾行李，奪門而出，等我清醒過來發現時，已經是天亮的時候了。

費盡心思，好不容易得到她的原諒，也承諾再也不會喝到不醒人事，但就在三個月後，好友的一場生日會上，我又破功了。

短短三個月，就能看透我這個人。

加上我平常老是跳票的各種承諾：說不打線上遊戲，但下班回家後就是坐在電腦前面；說放假時要一起外出去走走看看，但日子一到，總是說工作很累地推託不想出門；答應她要戒菸，從來沒有開始過……

愛，是承諾

像我這樣一個說話老是沒信用的人，對於她的離去，我不意外。六年的感情，不怪別人，是毀在了自己的手上。

當時的我，是一個平常連最基本信用都沒有的人，誰敢把自己的未來，交到一個只會說而不會做的人身上？你會嗎？我自己都不會，也不敢了，何況是她。因為我自己最知道，像我這種人所說的話跟承諾，往往到了最後，都只是變成謊言居多。

對重要的人，要麼不答應，答應了就要做到。

已經給了希望，卻連最基本的都不願試著去做，這樣的人，又怎能讓人信服他／她說過會「愛你一輩子」的誓言？

很愛一個人的時候，就不愛面子了

如果當時回的是這句話……

有一次跟老婆一起去參加我的高中同學會，發生了一個狀況。當同學會進行到最後，就在大家準備要合影留念時，我很要好的朋友和他的妻子突然在餐廳的角落大吵起來！頓時氣氛超級尷尬，我們同學紛紛過去勸阻，但平常好好先生的他突然像變了一個人似地，我們愈多人過去，他倆的衝突反而愈發不可收拾。

事後，我偷偷問這個好友：「那天你跟嫂子倆是怎麼回事？吵成那樣，要嚇死人嗎？」

他一聽，反應還是怒氣未消。

「那天本來也好好的，但要離開的時候，我不小心打翻飲料，弄濕了她的褲子。沒想到，她竟然當著同桌那麼多同學的面前對我大小聲，還罵我：『白痴喔！到底在幹什麼？』我瞬間當然臉拉不下來啊！我又不是故意的，她在大小聲什麼？何況那天是我的場子耶！這麼多十幾年不見的同學、老師都在，她那樣當面罵我，害我被餐廳這麼多人看笑話，一點面子都不給我，我當然發飆啊！這攸關尊嚴問題，我怎能在那個節骨眼上輸呢？當然要爭到她閉嘴道歉，才能找回我男人的面子啊！」

我大笑。「ㄟ，你以為自己是明星喔？誰認識你啊！你管同學或路人怎麼看。何況明明一句話就能化解的事情，你卻搞得這麼複雜。」

「怎麼化解？」他疑惑地問。

「她罵你白痴，你不會回她說：『**就是白痴，才一直無可救藥地愛上你啊！**』你老婆不轉怒為笑，我隨你。」我笑著對他說。

他突然語塞。

避免失控，試試這四個方法

其實很多時候，幹嘛為了當下的面子、甚至別人的眼光，來跟自己的另一半爭輸贏，而破壞了一整天的心情呢？

既然是朋友，當大家看著你為了愛另一半而不愛自己的面子，甚至願意放下身段退讓一步——那一刻根本不會有人覺得你沒用或是丟臉，反之，會認為你是個愛家、愛老婆的真男人。這年頭，真的不流行愛面子的大男人了。

當然，人都難免愛面子。有時候也不是要跟對方爭，就可能平常的壓力和情緒剛好失衡，而此時，對方偏又白目地踩到自己的某一個點，便引爆了一場失控或脫序的反應。

就像有些人，平常老笑嘻嘻地不愛與人計較，但有時又會突然鬼打牆似地，死都要爭到贏。事後想想，也都覺得自己好笑跟無聊，竟然能為了一件小到不能再小的事情，而破壞了難得約會的機會或氣氛。

綜合我自己的經驗及平日的觀察來看，我發現其實要避免這種爭吵，有幾個要點：

第一、在外不爭吵，有事私下說。

在大庭廣眾之下起了糾紛或意見不合，有一方一定要先閉嘴，先離開現場，兩人私底下再好好談。因為在人多的地方吵架，往往只會愈吵愈凶，就像前面故事裡，我那對情侶朋友一樣——愈多人看，愈會激得自己火大，更為了想要「贏」而吵。

第二、要面子之前，先給對方面子。

有的人講話不經大腦，老愛在外人或朋友面前自以為幽默地開伴侶玩笑，或是不尊重地對另一半大呼小叫，絲毫不給對方一點面子。像這樣不懂給別人面子，不懂得尊重別人的人，又怎麼能要求對方給自己好臉色呢？

第三、人都會犯錯，不要得理不饒人。

誰不會做錯事？誰能夠掛保證說自己一輩子都這麼完美，都不會犯錯？假使對方做錯事或忘記了什麼事，我們可以從旁提醒或指導，但記得口氣要溫和跟友善，不要絲毫不給情面地破口大罵，尤其在親人、朋友面前，善待對方就是給自己面子。

第四、開罵之前先想想，對面站的是自己很愛的人啊！

關於這一點，如果對方是像我老婆這種個性的人，一時之間沒照前三點調整過來，那就是我們自己先調適了。

彼此腳步協調，才能一輩子走在一起

我老婆是個講話很直，且口氣都不會太好的女孩，但這是她的習慣，我知道她沒惡意。

有一次，我們兩人去逛一家美式賣場時，我拿錯了一個她交代的東西，心直口快的她直接就在一大堆人面前，超大聲地罵我說：「你是白痴嗎？怎麼會拿錯？都沒在聽我說嘛！」

旁邊一大堆人立刻好奇地轉身望著我倆。我頓時心裡覺得超沒面子的！我都已經這麼認真地努力在找了，還要被罵。這時，我心裡浮現了兩個回應方案：

一、跟她一樣，順著情緒直接回應：「士可殺，不可辱。我滿身大汗地跑來跑去，就為了幫你找東西。找錯了，你不體貼我就算了，還罵我？不管怎麼想都沒道理。不管怎麼想，都是我對才是啊！老子跟你拚了，身為男人的尊嚴不能輸！」

二、我只能搔搔頭，無奈地裝傻嘆氣說：「**唉，我滿腦子都是你，哪記得住其他事情啊，難怪我愈來愈蠢……**」

最後，我選了看似沒用的第二種，正是我教朋友的那招。

老婆聽了，笑著對我說：「嘴甜。」然後就跟我手牽手，一起去找她要的東西了。

這樣不是很好嗎？給足對方面子的同時，自己也得到了。因為我明白，老婆比我更愛面子，要是我當下執著於跟她爭對錯，只會弄巧成拙。即使我始終覺得自己沒錯，但是，**面對這個要跟自己走上「一輩子」的人，在這個一閃而逝的當下，我和對方計較什麼？**

在愛裡，面子是空的

當然啦，有時候我還是忍不住會在意，所以事後，我會私底下再跟老婆溝通、協調。比如在晚上，兩人牽手睡覺時說：「老婆，你以後不要在那麼多人面前罵我白痴啦，我會難過。」

我想只要是愛你的人，給他／她一些時間，對方都會願意改的。

這招真的很有用。像我老婆現在都不會叫我白痴了——她都改叫我「笨蛋」。

這不是很好嗎？

不要被自己想贏得面子的心牽著走，結果卻輸了對方的心。**只有牽著你手的這個人，才是最重要的；也只有這個人，才會深愛著你。**至於面子這種東西，就算你再怎麼愛它，它也不會跟你共組未來，所以基本上可以漸漸忽略。

更何況，**當你真的很愛一個人的時候，就會覺得——面子這種東西，根本一點都不重要。**

冷戰冷久了，感情，也冷了

一場架吵不了多久

曾經有讀者朋友問我：「口罩，你跟老婆都不吵架的嗎？」

看到這個問題，我還真的認真開始算起這一年來，我和老婆究竟爭吵過幾回合。

還記得有一次我忘了洗衣服，被臭罵一頓，不過就是忘記洗衣服嘛，她竟然氣到不煮飯給我吃。另一次，她把我的相機摔到地上弄壞了，這可不得了，我幾乎都有想殺妻滅口的衝動了！再回想上上上一次好像是……

仔細算了一遍才發現，其實我們還滿常吵架的耶，但，也都吵不久就是了。不管是情侶或夫妻，交往、相處久了，每天柴米油鹽吃喝拉撒的事情，都赤裸裸地呈現在對方面前，勢必會為了生活上一些雞毛蒜皮的小事情而有所爭吵，像是我剛剛舉例的忘了洗衣服，還有衛生紙亂丟、上廁所後沒把馬桶蓋掀起來、東西又忘記放在哪裡了等等。

吵架對於情侶或夫妻來說，是再正常不過的事情。

然而，**最怕的是冷戰，那等於是直接阻斷了彼此溝通的可能性**。

我的慘痛經驗

我曾經有過一段感情，幾乎要論及婚嫁，最後卻成為彼此最熟悉的陌生人。

如今回想起來，當初明明就很愛對方，但我卻常常克制不了自己的個性和脾氣，老為了面子說出不想說的話，做了不想做的事情。當時的她，也和我一模一樣。

每一次只要有爭吵，我們就不跟對方說話。明明住在一起，天天見面，卻老把對方當作空氣一樣，吃飯各吃各的，東西各買各的，她忙她的、我忙我的。

到後來時間一久，老實說，真的忘了當初是為了什麼而戰。只是一心想著：「為什麼她不肯跟我道歉？不願主動求我原諒？為什麼她連正眼也不看我？」

冷戰冷久了，缺少了溝通，感情也漸漸冷了。

冷戰，即使再愛也會漸行漸遠

那一次的慘痛經驗讓我學到了：兩人相處要有一個觀念，排除掉劈腿、出軌等比較重大的問題，其他像是為了生活上的小問題而有所爭吵時，冷戰，絕對不是解決問題的辦法！當每次因為這些小問題而吵架時，你必須先好好想想：「**吵這場架，我的目的到底是什麼？**」

假使是為了要分手，那請放心地去冷戰吧，甚至要發動第三次世界大戰也都不痛不癢，反正最終目的就是要分手，盡可能地發揮所有人性與非人性的手段，只要最後能達成這個目的就好。

但，假使不想分手呢？假使還愛著對方呢？

那麼冷戰便是逐漸在傷害你們之間的感情，等於將還有愛的兩人分別封閉起來，一步步地驅趕上分手的這條路。這種搬石頭砸自己腳的事情，就叫做蠢事。

明明就還有愛，卻為了一時爭輸贏、論高下，或是賭一口氣而不願拉下臉，覺得道歉就是示弱……若從此種下傷害之因，讓彼此漸行漸遠，即使你爭得了「對」的地位，那又如何？是贏是輸，難道會影響你們對彼此的愛嗎？

沒掀馬桶蓋，導致離婚?!

有一對夫妻要離婚，這段婚姻走到最後，已經到了彼此不相理會的地步，在辦離婚手續時，律師問：「你們是為了什麼原因而離婚？」

兩個人馬上異口同聲地說：「誰叫他小便不掀馬桶蓋！」「誰叫她一直罵我髒！」

離婚的原因，竟然是因為沒掀馬桶蓋?!

不要笑，這不是不可能，一個小小的起因，卻因兩人互不退讓，不願意溝通，誤會就像小雪球一樣愈滾愈大，漸漸地，他們認定了對方根本就不愛自己。一件生活小事，因為冷戰的誤會，最終竟然變成了婚姻的爆點。

跟自己最親愛的人，論什麼輸贏？

過世的父親常常跟我講：「別得理不饒人，尤其是對家人。」這句話我一直記在心裡，卻一直到結婚之後才懂得怎麼使用。

不用害怕在一段感情中先開口道歉、低頭或主動退讓，會讓自己沒面子，因為**當你很愛一個人的時候，會發現比失去面子更可怕的是，失去另一半的人和心。**

婚後，經過許多次的痛苦爭吵與冷戰，我終於體會到了父親這句叮嚀的真義。從那時起，我常說的一句話不是「我愛你」，而是「對不起」。

當跟太太或家人有所爭吵或誤會時，即便有時候明明錯不在我，最長過了一個小時，我都會主動先說「對不起」：「對不起，剛剛真的太大聲了。」或是：「對不起，我剛剛講話太直、太衝了一點。」「對不起，我剛才不是故意要這麼凶的。」……然後再針對那件事，雙方坐下來好好討論，而換來的往往是對方的善意回應。

並不是我沒用或沒原則，是因為我覺得爭執的點，其實都是相處或生活上的小細節，實在沒必要為了那些再小不過的事情而傷害彼此的感情，甚至將對方往死裡打，他們不是別人，是我的老婆跟家人啊。

跟自己最親愛的人論輸贏？我只能說，這樣的人最愛的還是自己的面子。

真正的愛，不用樣樣都要贏對方

有朋友問過我：「難道因為愛，就可以一味地認錯，即使錯明明不在自己？」這個朋友面臨的是女朋友劈腿的狀況，苦惱不已。

「拜託！她先不仁，也就不能怪你不義。」我回他。

遇到這類的重大問題時，當然不適用這個做法。但如果盡是些雞毛蒜皮的生活小事，與其冷戰到感情都淡了、倦了，還不如主動釋出善意給足對方面子，先讓對方有台階下，再來進行溝通，針對問題加以改善。我想，總比兩人死都不說話、死愛面子又死不認錯，對彼此的關係一點幫助都沒有來得好吧！

先道歉低頭的人，不是輸家。也許你當下輸掉了面子，但假使贏得了對方的感情跟未來的幸福，那你就是人生真正的贏家。

只有不愛，才會想要一直贏。真正的愛，不用樣樣都要贏對方。

別讓錯的人把你變得人不像人、鬼不像鬼

愛上了錯的人

與老同學閒話家常，聊到了他以前苦苦暗戀的一個學妹，我好奇地問：「那個學妹……她最近過得怎麼樣？好久沒有她的消息了。結婚了嗎？」

朋友搖搖頭，說：「她喔，別說了，好像進去勒戒了。」

我大吃一驚。「勒戒？怎麼可能啊！她這麼乖耶！」

「你當人夫太久了，都沒在關心身邊的事情。她這幾年轉變很多，愛錯了人，沾染上毒品，最近被抓，進去勒戒了……」朋友繼續談著學妹近幾年來的情況，頻頻嘆氣。

我腦中突然浮現一句話：「**愛對了人，帶你上天堂；愛錯了人，帶你下地獄！**」

好的伴侶，能帶來好運

想要什麼樣的生活，完全掌握在自己的手上。

我一直相信，好的人有好的磁場，而好的伴侶能帶來好的運氣。

遇人不淑，天天被對方搞得烏煙瘴氣，生活節奏被影響得亂七八糟，並因此引發胡思亂想或是鬱鬱寡歡……這樣的負面狀態，怎麼吸引幸福降臨？

處在幸福中的人，氣場強，運氣也就跟著好，而帶著這份正面力量，去替另一半設想、疼惜另一半，會讓對方感到更多的幸福與開心，也觸發對方回饋這種美好的感覺，讓幸福起了加乘效應，也使關係變得更親近、更緊密。

當然，投入一段感情是有風險的，你可能像我一樣，也曾為了一個「以為對的人」而迷失過自己，做了自己本來所討厭的事情；或甚至像我的學妹，染上了不好的習慣。或者，原本從不碰燈紅酒綠、紙醉金迷的生活，卻為了配合好此道的另一半，變得沉迷了下去……

這樣的愛，讓自己變得人不像人，鬼不像鬼。就像我學妹，浪費了多少大好時光，傷害了身邊多少的朋友、家人，而賠掉的，是自己的寶貴人生。

愛一個人，為何讓你討厭起自己？

曾有個外貌和身材明明都一等一的朋友，卻因為總是被男友嫌棄醜跟胖，所以她常常在節食，永遠沒吃飽，只為了能再瘦那一、兩公斤。而我們這些做朋友的，對她怎麼勸都勸不聽，只能氣憤地在內心罵那個男人：這麼愛嫌，一開始幹嘛追求我朋友？

為了男友，她除了很努力地維持身材，還改變穿著打扮，甚至去整型，終於一步一步地變成了雜誌上常見到的那種「美女」典型，她的男友很滿意。

但我們都知道她過得好累、好辛苦！她必須時時刻刻都維持這種巔峰狀態，只為了綁住那個常常嫌棄她又胖又醜的人。

為了這個「以為對的人」，變得自己都討厭自己，真的值得嗎？

差點人財兩空

我有一個情同兄弟的好朋友，他是職業軍人，生活很單純也很儉省，但自從交了女友之後，他完全像得了失心瘋一樣。我們明明很常見面的，有一陣子甚至卻變得讓我快不認識他了。

他的女友是個很……講好聽一點是懂得享受生活，直白地說，就是很會敗家的女子。一起出去吃飯，她什麼都要點最貴的、什麼都要吃最好的。餐廳選得太平價，她還會脫口說出：「我第一次吃這種吃到飽的火鍋耶，肉真的太難吃了！」

朋友們其實都不太喜歡她，但兄弟自己喜歡，也就算了。

為了討女友開心，我的這個兄弟常常是對方想要什麼，他就買什麼，毫不手軟。從旅行花費、名牌衣服和鞋子、手機等，大大小小的東西都由他埋單。為了能跟女友住在一起，她選了間高級套房，房租則由他全額負擔。

短短三個多月，他就把自己多年來省吃儉用的積蓄花掉了大半，不管我們大家怎麼罵、怎麼擋都沒用。

更扯的是，後來他還想去信貸借錢，因為女友要求投資她開服飾店。

從他身上，旁觀者清的我是第一次真真切切地體會到：太愛一個人，真的會讓人失去理智和判斷。無論我們跟他講什麼，他都想成是因為嫉妒，想要拆散幸福的他們。

最後，是女方被發現劈腿，加上一些事件讓她露出馬腳，才讓我朋友認清自己只是被當成冤大頭，總算免於淪落到借高利貸，背上巨額負債的地步。

他還算幸運，有成功逃脫出來。但有更多人，卻沒這麼幸運。

愛，是接受最真實、自然的彼此

愛一個人並沒有錯。有一份想為了對方改變、讓自己可以更貼近對方世界的心，這也沒錯。

但是，**如果一段感情無法讓人做自己、享受自己，對方更無法接受最真實、自然的你，那麼，究竟要這段感情幹嘛？**

別讓錯的人把你變得人不像人、鬼不像鬼，那只會害你跟著對方一起墜入地獄，在懊悔中遙想著天堂。

跟對老公，出門是女王；跟錯老公，出門是女傭

是老婆，是母親，也像女傭？

我很喜歡在假日帶著老婆、小孩到處走走停停。有一次，到了某個觀光景點，我停好車，剛要下車時，遠遠就看到一個女人，她身上背了個小嬰兒，左手牽著一個小女孩，右手還提了約四、五包的東西，整個人看起來說有多狼狽就有多狼狽，披頭散髮手忙腳亂的，鼻梁上的眼鏡還一直快掉下來。

而那個應該是她老公的男子，戴了副墨鏡，穿著POLO上衣、短褲和夾腳拖，嘴裡還叼

著一根菸，背了一個黑色斜背包，帶著土財主般的架勢，一派輕鬆地走在前頭。

要不是聽到小女孩對著女人叫說：「媽媽！爸爸走好快。」我本來以為她是個幫傭。

＊＊＊＊

當爸爸之後多了個習慣，只要有小孩在的地方，就會不自覺地多看兩眼。中午在餐廳用餐時，剛好瞄到正前方有一對夫妻，帶著兩個年幼的小孩在用餐，但就我眼前所見或許應該說，是「老公正在用餐」。

因為我看著做太太的，一下子跑去向店家借熱水說要泡奶；一下又跑去將到處亂跑的大兒子抓回到椅子上，叫他乖乖吃飯。看著她一邊餵小的喝奶，一邊盯著大的吃飯，那模樣說有多忙就有多忙，服務生稍早送上的餐點，擺在桌上完全沒動過，連一坐定就送上桌的白開水，也只能靜靜地擺在那裡。

而老公呢？完全無視老婆跟小孩的存在，邊玩手機，邊吃著咖哩飯，看起來多自在、多輕鬆，根本已經到了「人機合一」的境界。

＊＊＊＊

等我們離開景點，走向停車場去開車時，有一輛車停在我行走的路線上，還沒來得及反應，只見一個女人開門下車，但關門卻是用腳踹的，因為她雙手抱了一個小嬰兒，手臂上還掛著一個裝有嬰兒用品的手提袋（看起來頗有分量）。

而她老公則是直接走到大樹下，點著菸，準備吞雲吐霧。

一切都是「互相」

一整天下來，觀察到了三個不同家庭的女人，心裡有許多感觸，我不禁回頭看了一下我老婆，她今天還不賴，戴了一頂南洋風草帽，細長的柔髮，被風吹動飄逸。身上穿的是她最愛的短裙小洋裝，牽著女兒有說有笑地在拍照。

看了一下由車子玻璃反射的我自己：背了一個媽媽包，裡面裝滿了各式各樣我認為根本用不到的奇怪東西；左手掛著老婆的大包包，塞滿了女兒所有的外出用品和食物；嬰兒車上裝了一堆要回去送人的特產和禮品。

雖然我沒辦法很舒服自在地走在路上，但我心裡卻覺得很驕傲，因為我的女人，她始終很正。

有問題！男女應該要「互相」，這樣的你，跟前面那三個看起來很悶的媽咪有什麼不同？

但我不介意。老婆牽好那活蹦亂跳不受控制的女兒，就是對我最大的「互相」跟「幫助」了，因為顧著隨時陰晴不定又暴走的小孩，比什麼都辛苦。

可以怎麼做呢？

前面那三個故事，也許有人覺得，說不定是人家太太自己歡喜做，甘願受。那麼，請問你會喜歡嗎？你會喜歡自己的另一半連一丁點的「互相」都不願給嗎？

♥**故事一：**

女人當然可以身上背著嬰兒，手上再牽著小孩，這我絕對同意，因為很多媽媽都會這樣。但是，**戴墨鏡的大哥能否幫忙拿一下那四、五包的東西，別急著走？**

♥**故事二：**

爸爸一整天開車很辛苦，當然能優先吃飯，補足體力。但是，**吃完了之後能否先放下手機，負責顧一下小孩？因為媽媽也還沒吃啊！**

故事三：

經過長途跋涉，好不容易到了目的地，我以前也有菸癮，來一根回個神是一定要的，但**先分擔工作，拿樣東西、關個車門，再去抽菸也不遲**。先幫太太做好她的事，事後要抽個三、四根也沒人趕你。

至於出門時是誰拿行李、誰顧小孩、誰要負責拿重物或是小東西等，這就是夫妻分配跟認知上的問題。每個家庭不同，只要協調好，並沒有一定得由女性顧小孩、男性拿行李。**但總之，就是不能全都交給另一半來做**。

故事四：

今天要是所有東西都在我身上，我當然ＯＫ。但要是連我女兒都還要我顧著、牽著，然後老婆整天完全處在自己的世界，好像沒老公、小孩一樣地自顧自在吃飯、玩樂，外加用仰角四十五度自拍貼文說：「今天太陽熱熱，心情好好。」拜託！你心情好好，我臉都綠了！

一切都是「互相」。

誰像國王？誰又是園丁？

臨開車前，當我正將所有行李都放上車的時候，眼角瞥見有個爸爸身前背著一個小嬰兒，後面背著一個媽媽包，左手拿著提袋，右手牽著看得出即將臨盆的太太，這畫面只有讓我覺得一個字：帥！

他的妻子臉上不時露出幸福的微笑，讓人覺得很耀眼跟羨慕，就好像從童話故事裡走出來的公主或女王一樣。

不要讓老婆在外被人當成女傭看。要讓她成為別人眼中光鮮亮麗的女王。

因為**女王的老公，至少還是國王，而女傭的老公……頂多也只是個園丁罷了。**

我都是為了你好……真的嗎？

三個「為你好」的例子

「老婆、老婆，你現在有了身孕，反正你那份工作薪水也不高，不如就先辭職，以後也能專心在家顧小朋友。」正傑笑著對太太子怡說。

子怡聽了有點錯愕，急著跟老公商量說：「可是老公，這是我很喜歡也很有興趣的工作，老闆、同事都對我很好。等我生完，我打算繼續回公司上班耶。」

「你在公司還不就做一些小妹打雜的工作，薪水也才那麼一點點。我是心疼你，不想你這麼累。在沒發展性的公司裡做事，一點前途都沒有。**我都是為了你好。你還不懂我的苦心跟用心嗎？**在家好好休息、等生產，以後專心在家顧小孩就好，這是多少女人渴望期待的事情。而且你不顧小孩，以後我們還不是得請保母，保母費跟你的薪水也差不多，這樣一來一往，有意義嗎？不要再爭了好嗎？」正傑愈講，口氣愈來愈不開心。

「那我再想想，考慮考慮好嗎？」子怡嘆了一口氣說。

＊＊＊＊＊

「老婆，我不是說我不吃紅色的蔬菜嗎？這一桌是怎麼回事？紅蘿蔔燉排骨、番茄炒蛋、紅椒炒肉絲，沒一樣我敢吃的啊！」家維不滿地向老婆抱怨。

「先生，你有沒有良心啊？**我做這些，還不是為了你**。哪有人不吃紅色食物的？紅色食物有強力抗氧化劑，對身體很好，還被認為可以減輕人體疲勞。我是看你工作這麼辛苦，折騰了一下午才煮好這一桌菜耶！」子恩不太高興地回應。

「不是啊，我知道你辛苦，也很有心，可我就是不敢吃紅色的東西嘛。」家維邊說，邊挑開紅色的食物吃著。

＊＊＊＊＊

「老公，你不是考上警察特考了，怎麼不去啊？」小萱拿著放榜通知書，急急忙忙地衝進了老公秉儒的書房。

「這個啊……沒有啦，當警察真的不是我的興趣。當初是想說能多一個工作機會，就跟頂立一起去考好玩的，誰知道他沒上，我卻考上了。但認真想過後，我現在這份工作也不錯啊！而且是我的興趣，我做得也比較開心。」秉儒一字一句耐心地解釋給小萱聽。

「問題是薪水就差了三萬多耶！三萬多對我們家的幫助很大，福利也比現在好很多。更何況，你現在的這份工作是兼職的，不知道何時會沒班可上。我真的覺得你要去報到。**我說了這麼多都是為了你好，我是會害你嗎？你不聽我的，以後一定會後悔。**」小萱不放棄地勸說著丈夫。

什麼是好？什麼是壞？

「我是為了你好。」「我說了這麼多，還不是為了你。」「我是會害你嗎？」「我做這些，還不是都為了你。」……什麼是好？什麼是壞？

「我都是為了你好」，這句話也是我從小聽到大的。

從還是小孩的時候，爸媽就喜歡這樣對我說。長大後考完試，填志願時，我想走文科，但父親說：「文科沒什麼前途。你改學商科吧，以後好幫我管店和記帳。」結果我會計系念不到一年就被迫休學。

出社會工作後，當時任職的公司想派人去大陸開創分公司、帶人，但母親覺得：「哎呀！大陸又亂又髒，而且你年紀輕，加上人生地不熟的，去那邊幹嘛？」為了我好，父母希望我放棄，在台灣好好做就好。於是，比我小一期的同事代替了我去——他現在已經是公司大陸地區的總經理，月收六位數以上。

我不怪我父母，因為當初我也認為他們是為了我好。

只是，從來沒人問過我，我的意見跟想法是什麼。

商科比文科有發展；公務員比兼職的工作來得穩定和福利好；在家帶小孩不用工作，比去外面工作好很多；人本來就不能挑食，為了健康好，什麼都該吃……這樣的好，讓我快樂不起來，因為我無法做自己。那種感覺就像是被社會上大家普遍認知的「好」所綁架，而「不得不去，甚至被控制著去」做那些大家所認為好的事情、認為正確的事情，可去做的我卻一點都不開心。

破除魔咒有解方

如果你正面臨「我都是為了你好」這句話的魔咒，而沒有一個方向時，記住：

♥人生只有一次，路只有自己走，才能走得遠。要是讓別人從後面推著才會走，那無論如何也走不好。

♥適當地接納別人的建議或期待，但不要為了他人的期許，而一味的接受。

♥聽自己內心的聲音，不要害怕自己所選擇的路難走。在這世上沒有走不完的路，只有不敢走的路。

♥當你不快樂的時候，做什麼事都很難成功，也不易長久。所以，與其總想著讓別人快樂，不如先讓自己快樂，比什麼都重要。

人生，並不是「複製貼上」

不管是身邊伴侶的期盼，或是當初父母對自己的希望，相信出發點都是好意，這沒什麼對錯。但假如當事者根本就不快樂、也不開心呢？那這種好，又算什麼呢？

回想一下，平日，你是否常把「我是為了你好」這句話掛在嘴邊？想想看，照著你的意思去做，你是開心了，但是去做的人卻很不情願，甚至痛苦……這樣做，到底是為了自己好，還是他人好？這樣挾帶著自以為善意的理由，而綁架了身邊重要的人的情感或行動，算不算是一種變相的暴力？是不是一種自私呢？

請不要再用這一句「我是為了你好」來綁架身邊重要的人了。

每個人都是獨立的個體，都有自己的想法、願景跟步調，可以適當地給一些意見或是經驗談，但最後的決定權還是在當事者本身。

別人的人生、要或不要，就算是父母也沒有權力可以操作，就算是已經要走上一輩子的伴侶，也不能貿然強逼對方一定要按照某條自己想要的路去走。

尊重並且接納每個人的最終決定，很重要。

畢竟世界上沒有一條路是一定對的。

人生，也不是「複製貼上」這麼簡單的事情。

當你走在人生最低潮的時候，
還願意牽著你的手死都不肯放的人，
那個人，也是你該用生命去守護的人。

家人，不是用來「酸」的

你，正是故事裡的角色嗎？

「老公啊，我最近想去學開車耶。你覺得怎麼樣？」

小麗認真地問丈夫阿嘉，沒想到，阿嘉只給了冷冷的回應。

「拜託！你想殺人啊？你一點空間概念都沒有，摩托車也不太會騎，還想學開車？而且我看你連第一關筆試都過不了，不要浪費錢了，好嗎？上班搭捷運，下班乖乖顧好家就好了。整天想東想西，嫌我事情不夠多嗎？」

小麗離開了客廳，傷心地把報名表丟掉，並且，默默收起了桌上那本今年最新的《交通法規》。原來她早就偷偷把題目都背好了，只剩去實際學習罷了。

其實她想開車，主要是因為每次自己一派輕鬆地坐在副駕駛座上，看著一旁的阿嘉開車開到快睡著，她卻愛莫能助，覺得很心疼丈夫。

＊＊＊＊

「老公，這張健身房的『終身會員卡』是怎麼回事？」小莎一臉驚訝地問丈夫阿宏。

「我想趁下班去健身、運動啊！不然愈來愈胖，對身體不太好。」阿宏興致勃勃地解釋，一副信心滿滿的樣子。

「誰准你亂花錢加入會員的？你胖又不是一天、兩天的事了，你就這副鳥樣，以為加入健身房，就會變帥哥喔？到最後還不是變成廢卡一張。一定又是看到哪個美女推銷員，你那豬哥性格又發作，被人當成阿呆耍都不知道。」

小莎一臉不爽，轉身就走，留下阿宏獨自一人在書房裡，發呆、放空著，電腦螢幕上一直重複播放著一部影片，那是教人如何操作健身器材的影片。

小莎不知道，阿宏內心其實比誰都自卑，更厭惡自己肥胖的身體。

＊＊＊＊

「寶貝，這幾道菜是我新發明的，你覺得如何？」小芬緊張地詢問新婚的丈夫阿文。

「樣子超詭異的，一看就很難吃。實際吃起來，則是要甜不甜、要鹹不鹹的，炸也沒炸熟，飯又超硬。還是我媽煮得好，你差遠了。」阿文邊說，邊用筷子胡亂翻著菜，臉上擺出作嘔的回應。

小芬聽了，臉上露出的則是難過的表情。她雙手緊握，手上還有剛剛炸食材時，被燙傷而貼的ＯＫ繃。這個廚房新手，一直很努力想得到老公的認可跟讚美。

我的「酸民」朋友

各種熟悉的生活案例，一直在我們身邊上演，**往往我們討厭別人怎麼對我們、酸我們、打擊我們，卻常常也管不住自己那張嘴，不自覺地對心愛的人做出了同樣的事情。**

曾有個好友，我們一直都無話不談，但漸漸地彼此感情愈親近，他變得愈是喜歡酸我。

我以前很瘦，一八三公分高，才六十公斤。有一次，老婆因為顧小孩太勞累而生病發燒，整個人躺在床上不能動，我想抱她去車上，帶她去看醫生，沒想到自己竟然抱不動不到五十公斤的她！

超自卑又很自責的我，有一晚想著，自己這麼虛弱，手無縛雞之力，要怎麼好好保護好一個家、照顧好妻子和小孩呢？於是，我開始健身。

當這個好友知道我要健身的時候，一直笑我說：「你不要浪費時間跟體力了，你不可能練得起來的。你就像個瘦皮猴一樣。猴子怎能練成金剛？」

現在的我，雖然沒有很漂亮的體格線條，但至少連老婆懷孕接近七十公斤的時候，我都能輕鬆把她「公主抱」地抱起來。

之後，好友還是不改酸我的習慣。我想寫作當個作家，他也酸我說：「你不會紅的啦！靠寫作是要喝西北風嗎？而且你連大學都沒畢業，文筆這麼差，你能寫些什麼東西出來？」

現在的我，有大約三十萬的朋友願意追蹤看我寫的文章。

起初對他說的話，我也是笑笑而已，想說算了。但時間久了，我才感覺到，原來「酸人也會酸習慣，負面能量接受多了，佛也會發火」。我們漸漸形同陌路，最後變得不相往來。

連好朋友都如此，那麼，更親密的夫妻、情侶，不是更會有影響嗎？

對重要的朋友、心愛的人，多些讚美、支持和鼓勵，很難嗎？

當一個根本不熟識的ＦＢ朋友發了一則動態：「我決定了，今年一定要×××……」許多人會很正面地留言替他打氣：「有自信。」「讚！」「加油，我相信你一定可以的。」

但是在面對自己的伴侶時，有很多人卻只會否定再否定、打擊再打擊，甚至說話酸到最高點。這不是很本末倒置嗎？沒有人喜歡酸民，當然，更沒有人喜歡家裡住著一個酸民。

好話，留給心愛的人聽

或許在某些人來說，向重要的朋友、心愛的人說那些正面、鼓勵的話，實在太假或虛偽。但是，能熟練地這樣告訴不熟的朋友，甚至可以很自然地，在根本不認識的帥哥、美女的FB動態消息寫下「帥哥／美女，加油喔！要有自信」這類留言的人，豈不是更做作？而且，**說好話並不是虛偽**。

另有的人心裡可能想：「拜託！都老夫老妻了，見外什麼？還用得著這麼客套嗎？我就是刀子嘴豆腐心，心直口快，也沒惡意。我只是說話很中肯而已。」

但是，當我們拿這個解釋來說服自己，認為自己所言所想都是合情合理的同時，也要問問自己：我也能接受別人這樣對我嗎？還是自己的心態是：只能我講別人，不許別人講我；只能我糾正別人，不許別人糾正我；只能我否定別人，不許別人否定我。

只許州官放火，不許百姓點燈？

行動了，才是真的

其實，今天被認為是「錯」的事，難保明天不會成為「對」的。這次你瞧不起對方，下次就換對方瞧不起你。對、錯、利、弊，很多事情都是一體兩面的，從不同的角度去看，就會有所不同。但有一點不變的是：肯付出行動去做的人，永遠比只出一張嘴的人，還強上一百倍。

兩人相處要長久，請不要吝嗇對自己的伴侶說好話、多稱讚跟鼓勵。對重要的人，我們反而更要釋出自己的善意、善心，而不是滿腦子只想打擊對方、看對方笑話。

想想看：把心愛的人打趴在地上，將對方的尊嚴、面子都踩在腳底下的同時，對自己到底有什麼好處？最後，只是給了別人機會去把你心愛的他／她扶起來，並照顧滿身傷痕，渴望有一份認同和支持的他／她。

有時候，不要怪身邊的人一個接著一個地離開自己，因為從頭到尾，都是自己那張鋒利到不行的嘴，跟一顆酸溜溜的心，逼著他們漸行漸遠的。

分手不見得是壞事，何必執著於一定要挽回？

明知不適合，你又何必強留？

老友跟女友分手一個多月了。最近，他找我喝咖啡。

「這一個多月來，我過得生不如死。我忘不了她，好想她！我好想挽回啊……」他苦著一張臉。

聽他這麼講，我直覺就說：「既然還有愛，那就試著去挽回，為了彼此，去協調、改變和努力啊！」

似乎是剛剛話裡「改變」這兩字，觸動了他深藏內心的某個開關，老友竟然開始瘋狂地「抱怨」加「怨嘆」起他的前女友來。

「我還要改什麼啊？我薪水都交給她，她想買什麼就買，想去哪裡玩、去哪裡旅行，我就帶她去。我到底做錯了什麼，她要這樣對我？

「每當我心情不好，她好像都無所謂一樣。我的壓力和情緒，她從來不肯去了解也不肯傾聽。我對她的好，我為她做的一切，好像都是模糊的，她給我的感覺，就像是這些事情都是應該也是義務的一樣……她到底憑什麼這樣對我？」

身為老朋友，對他突然歇斯底里的反應，我並不意外，此時此刻就是閉上嘴、張開耳朵，好好聽他講故事就對了。因為我知道，他在那個女孩的身上投入許多。

過了一小時左右，趁他滿腹哀怨發洩得差不多，中場休息的同時，我抓緊時機問了他一句：「帥哥……為什麼你一直想回到……一個會讓你充滿『怨念』和『恨意』的人身邊啊？」

他愣了一下，似乎有點語塞，但接著回答：「我愛她，我真的很愛她！我放不下她……」

我忍不住挑明了講：「可是，我從你身上感受不到愛，反倒像是『怨』耶！而且怨念滿深的，有點像是……不甘心。」

兩個不適合的人，不如就當朋友吧。

有時候，愛一個人太深、付出太多，如果得不到同等的對待，愛很快就會變成怨。而一旦愛變成了怨，愛情就不再是甜美的水果飲料，反而轉變成像黑咖啡一樣，有點苦苦澀澀的。有的咖啡放久了還會變酸，多嚐一口，都嫌噁。

那一段吵到心痛的日子

我曾有過一段六年的感情。兩人剛在一起時，她是那麼特別，那麼令我著迷。當她願意搬離開家跟我住在一起的時候，我幻想著，以後我的生活就會像電影演的新婚夫妻一樣，浪漫幸福恩愛無比。但現實這雙手，終會將人從幻想的美夢中搖醒。

住在一起愈久，愈發現的是，我們在很多想法、觀念和個性上都大不同。漸漸地，我們開始吵、開始鬧，兩天一小吵、三天一大吵，分分合合，合合分分，好的時候很好，但吵起來的時候，比誰都狠都凶，一字一句都帶刺帶針，好像沒把對方刺到滿身傷痕，重傷在地就不肯罷休一樣。

談戀愛不是應該要互相心疼著對方嗎？但我們一直在做的，卻是互傷彼此的心。即使痛苦至此，卻誰也不甘心，誰也不罷休，誰也不放過誰。**究竟是太愛，還是不肯放**

過彼此？我們迷失在這漩渦中，難以自拔。

和好的時候，我們都跟對方說：「我一定會改！」

但是過沒多久，我們卻是互罵著對方：「你永遠都這樣，根本不會改！」

同樣的問題一再循環，一年拖過一年，吵到後來彷彿變成了一種習慣，其實感情早已經變了調，我們卻不自知。

現在回想起當初，真的很天真也很傻，自己想要改變都很難了，更何況是要為了別人來改。

直到最後雙方都傷痕累累了，才恍然大悟：**我們都沒錯，只是不適合。**

有時候，真的只能跳脫框架而去

六年的時間說長不長，說短不短，我們努力過，也磨合過，都想讓彼此有個結果。

但兩個人要在一起，光有愛還是不夠，當下的時空背景、經濟條件、朋友、環境、年齡……有著太多因素夾雜在裡面，而影響了彼此的個性跟判斷。

這也是為什麼世上有這麼多對遺憾的戀人——不是他們不想在一起，也不是不愛對方了，而是有些事情真的沒有共同點，也無法調和、磨合下去。有些人，並不是努力了，就能有好結果的。但那並不是誰的錯。

當發覺自己處在一段不對的關係中，一直無法跳脫出這框架時，不妨這麼告訴自己：

你很好，你沒錯，你不需要改變，也不需要退讓。

你只是錯愛上一雙穿了會痛的鞋。

這次放過自己，才不會錯過那個真正適合你的人

剛開始還能忍、不怕痛，不信自己穿不下。但是，穿的時間愈久，腳上的傷口愈來愈多，舊傷口才剛好，新傷口又產生。腳上傷痕累累，血流如注，愈穿愈痛，然而，終究還是得脫掉。

不適合的鞋子，真的無法再繼續穿下去。

「好不甘心。」「我不能就這樣認輸！」「我才不認命……」我們在心裡哭喊掙扎：我怎能就這樣放棄這雙得來不易的鞋子，甚至將它拱手讓人？

但是，不甘心、不認命，不知害死過多少人。它就像冤魂「抓交替」一樣，老是將人拉

進感性跟回憶的漩渦裡，轉著轉著，最終又讓人迷失了自己、失去了靈魂，回到了不適合的人身邊，困在其中而無法自拔……難道你還沒自覺嗎？

一個人，有多少青春可以轉？還剩多少歲月可以耗？

你的人生，不是非他／她不可；他／她，也不是非你不可。

愛過了，何必再苦苦掙扎？不一定非得搞到鞋破腳傷，兩敗俱傷，才甘願鬆手。**放過這段關係，也等於放過自己。**

要知道，這世上，有個人一直在等著自己，就像照片上這個懷有身孕的女人，她是我老婆——對不起，讓你多等了好幾年。

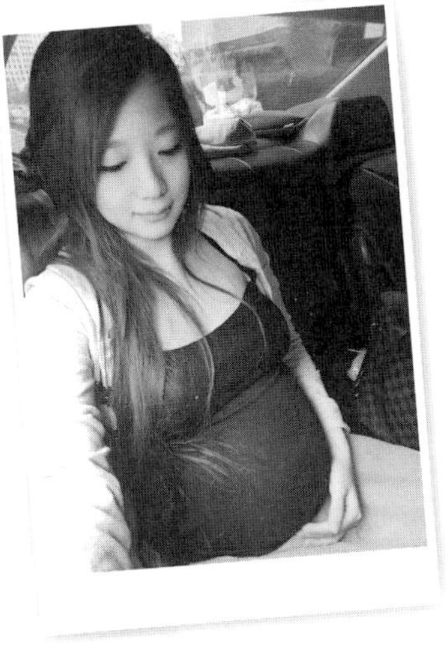

要信任可以，先拿安全感來換

當他說，你們的愛情先別曝光……

有個友人正在熱戀中，但她不只一次地對我們這些朋友抱怨：「我覺得好沒有安全感喔！」因為她的戀情並不是公開的。

她跟男友在同一家公司上班，而男友並不希望這段辦公室戀情曝光，以免被同事們當作茶餘飯後的話題。

起初，她也能理解，畢竟人言可畏，可是漸漸發現男友在公司與幾個女同事的互動特別曖昧，甚至還一起出遊、吃飯，深夜唱歌還大方上ＦＢ打卡，過的生活就像單身貴族一樣。

反觀自己，交了男友之後，拒絕了許多其他男性的追求。為了怕男友擔心，原本晚上習慣跟姊妹玩到天荒地老的「夜行性」生活型態，也轉變成朝九晚五的乖寶寶生活，下了班之後，多半乖乖自己回家。臉書狀態更大方地更改成「穩定交往中」。

「這段感情，好像只有我自己一個人在專注、認真地看待。為什麼他可以滿不在乎地繼續享受著單身時的那種快樂和自由？好自私。我覺得好不平衡！」朋友氣憤地說。

在這段關係裡，她失去了安全感，於是希望公開戀情扳回一城，也漸漸開始會打電話調查男友的行蹤、查勤作息，甚至逼他出門時要定位打卡等。但換來的不是對方的配合跟諒解，而是種種的抱怨與理由。

某一天，對方終於受不了，生氣地對她說：「一定是你不夠愛我，才會這麼不信任我，與其這樣，那還不如分手。」

頓時她呆住了，不知該如何回應，甚至不禁也質疑起自己為何不能信任男友。

「難道……真的是我不夠愛他？」

信任，有時被愛濫用了

聽了她的轉述，我不禁想：難道愛一個人，就一定要毫無上限地跟「信任」畫上等號，而忽視對方所有詭異、曖昧的行為嗎？

兩個人在一起，不論交往或已婚，「信任」是能夠使關係維持長久的關鍵之一，畢竟沒有人喜歡無緣無故被冤枉，還被扣上一頂大帽子；也沒有人喜歡天天被另一半像查水表一樣地查手機、查電腦；更沒有人喜歡天天被電話或簡訊轟炸，對方東問西問的，就是沒問自己吃飯了沒。

不過，在反感之餘，不妨也想想：**另一半之所以有這樣的舉動，是不是因為我們自己的行為舉止常讓人胡思亂想，讓對方沒有安全感呢？**

搞曖昧的人，反而惱羞成怒

有一次，一位跟我無話不談的已婚同事將我拉到角落問說：「你們男人結了婚，是不是都還會想認識新的異性朋友啊？」

「怎麼說？我不太懂你的意思。」我一臉疑惑。

「還不就我老公。他玩起了什麼『手機交友』，一開始我也沒想太多，想說他可能是無聊，刷存在感。但最近，他手機都不離身，連洗澡都要帶著，行為愈來愈詭異，我就趁他睡著的時候，偷看了一下他的手機，結果，他竟然跟女網友約吃飯！而且，除了不時關心著對方，他還傳訊給人家說什麼：『你難過，我也會難過的。』要不是明天我公司要開一個重要的會議，我真想直接叫他起床問個清楚。」

「我覺得你還是要講清楚說明白。夫妻之間，不要存在著疑惑，有什麼事情，最好講一講，以免夜長夢多。」我這樣建議她。

隔了幾天，一早上班就看到她一臉憔悴。

「還好嗎？怎麼這麼沒精神？給你的熱美式。」我將咖啡放在她桌上。

「一點都不好。那天我聽你的話，下定決心問個明白。回到家，趁小孩都睡著時，我鼓起了勇氣，盡量保持平靜地詢問他。其實我只是想聽他說出一個合理的解釋，或是讓自己安心的理由，因為我真的受夠了每天胡思亂想。

「每天想著，他是不是不愛我了？每天想著，他是不是有了別的女人？每天想著，上次他說出差，會不會是去見這女人？我真的受夠了也討厭起這樣的自己。

「沒想到，當我很平靜地將這幾天的疑慮一字一句地說出時，他卻惱羞成怒地大罵說：

『你根本不信任我嘛！為什麼要偷看我的手機？既然這麼不被信任，那在一起幹嘛？』接著他甩門，轉頭就走，連小孩都被嚇醒了狂哭。

「我頓時也傻眼，一邊哄著兒子，一邊眼淚不爭氣地滴下來，心裡納悶的是：我只不過是單純想了解一下他跟陌生女人約吃飯的原因和狀況，給我個答案，就算是騙我，也好過我自己每天亂想……但，為什麼他的反應要這麼強烈？」

信任建立在安全感上

「一輩子」這三個字，說起來簡單，但能夠持之以恆去實現的人卻愈來愈少。

現代是個多誘惑、多變化的社會，外遇、欺騙，似乎成了「速食愛情」的常見元素。也因此，「愛我就要信任我」這句話，已經不再像以前那麼理所當然、天經地義。別再被對方說的這句話輕易唬住了，他／她可能只是在利用你的愛，來滿足自己的自私和自我。

我們所用的愛情法則不能太「淳樸」，而是必須「現實」一點，也就是說，不能再空口無憑地只用口頭說愛了。**在說愛之前，不如先用實際行動做給另一半看，更能夠讓對方感受到安全感。**

不然，就只是在愛自己罷了。

一個巴掌拍不響。很多時候，在怪別人不尊重自己、不信任自己的同時，也請誠實地想想：自己真的是被冤枉了嗎？真的只是誤會一場嗎？

別給他／她機會胡思亂想

將愛付諸行動，例如我朋友的辦公室戀人大方地公開戀情，跟全天下的人說：「這是我女友。」並且開始與女同事們保持距離，互動僅止於工作上的接觸、對談。有時和朋友出遊時，帶著女友在身邊。

當我們給足了對方所需的安全感時，基本上，對方也會產生足夠的信任感。

又比如同事夫婦，老公惱羞成怒地說：「你就是不相信、不尊重我嘛！幹嘛偷看我的手機？」

其實如果自己真沒什麼，就算另一半偷看隱私不對在先，但也不用這麼激動，畢竟自己最近的許多行為舉止，讓一個「很愛你的女人」，開始擔心害怕了起來。

可以換個方式跟對方說：「老婆，你想看我的手機，說一聲就可以啦！用偷看的，我會覺得隱私被侵犯，不太喜歡。你如果想看，說一聲就好，隨時歡迎拿去。」然後再針對對方所提出的疑慮，一件件來說明，並化解彼此的擔憂。

講白一點，若行得正、坐得直，根本不用怕手機讓人看，不是嗎？

而那個受辦公室戀情所苦的女孩，如果對方仍舊我行我素，不理會她的感受，甚至還常用那句「愛我就要信任我」，來綁架彼此之間的感情，我想，或許她可以冷冷地如此回應對方：

「如果你也愛我，就別讓我有機會懷疑你，不然我們之間，只會有結束，沒有開始。」

偷吃，還不就是自己「貪吃」罷了

偷吃也有歪理？

我有個朋友，最近偷吃被抓到了。

他是女生眼中的標準三高：高學歷、高收入、高身長。現任女友是小模，FB的追蹤人數有破萬。這個朋友偷吃的次數不勝枚舉，但這一回竟然會認栽，讓我們實感意外。

「想不到你也有這天啊！不是經驗很老到，模式很熟練？」我笑笑地對他說。

「別提了。誰知道那女的竟然直接找上我女友，搞個魚死網破，真的失算。」友人點起了一根香菸，口氣透露著百般無奈。

「說真的，你女友管這麼嚴，你還有辦法去偷吃？我真服了你了，是有沒有這麼餓啊？」我調侃他。

「上有政策，下有對策。她管多，我頂多吃少一點；她管少，我就吃多一點。假如都不管……我就狂吃啦，哈哈哈哈！」友人吐著煙，一臉痞樣。

「先生，你不怕撐死嗎？」我忍不住酸他。

「撐死？哈，我寧願撐死，也不願錯放任何一口到了嘴邊的鮮肉。」他邊說話，還邊回訊給某個女孩。

任何理由，都只是藉口

偷吃其實不分男、女，理由更是百百種：什麼「心情不好」、「我以為不會被發現」、「是女生誘惑我的」、「是男的先主動」、「女友說我無趣」、「男友沒時間陪我」，還有下半身突然無法控制、求刺激、找新鮮、沒玩夠、不愛了、另一半沒情趣、太囉嗦、算命說可以改運、小王太帥、小三胸部好大、不吃對不起列祖列宗等，要多少藉口都有。

但就算有再多看似合理的原因，只要你身邊已經有一個他（她），就不該偷吃。

有些人偷吃被抓包時，總把自己講得多無辜、多委屈，甚至辯稱都是一場誤會，而自己好辛苦、好可憐……甚至有些人一把眼淚、一把鼻涕地上演文藝愛情內心戲，表現得好像多愛另一半似的，只是「一時糊塗」、「犯傻了」。

一個巴掌是拍不響的。摸摸自己的良心——偷吃，還不就是自己貪吃罷了。何必找一堆藉口、糖衣，來包裝這樣的自私行為？

男人管不住下半身；女人控制不了情感。

偷吃就像毒品一樣，只要沒有開始，就沒有問題；但是只要碰了，問題就一大堆。

就算不愛了，也不要傷害彼此

有女性網友問到這類問題時，最後反而安慰自己說：「男人偷吃很正常，天下烏鴉一般黑，只要他記得擦嘴，人記得回來就好，因為會擦嘴，至少心還在我身上，有尊重我。」

這種女生的被虐心態夠高啊！

我給她當頭棒喝的回應：「你怎麼不覺得，偷吃會擦嘴，只是為了自己下次方便再吃罷了。有一就有二，無三不成禮，吃到日久生情，有一天小三直接侵門踏戶，把你這正宮轟出去都有可能。」

有些事情，不能姑息；有些行為，不能坐以待斃；有些傷，也不是說好就會好的。

也許你對身邊的他（她）老早就沒感覺，成了一種習慣，甚至當初在一起就是個錯誤，但不管有任何還愛或已不愛的問題，都不是能讓你去外面找另一個他（她），然後回來傷害身邊人的理由。

沒有人有權如此自私地，去糟蹋一個眼中只有你的人。

我很喜歡網路上的這段話：

「男人最驕傲的不是睡過多少女人，而是能有一個女人願意讓他睡一輩子。女人最驕傲的不是擁有多少個男人，而是她的男人願意為了她拒絕多少個女人。」

男人，要經得起誘惑；女人，要耐得住寂寞。

不愛可以分手。不愛可以離婚。但不愛……

可不可以不要隨便傷害一個人？

這麼愛刪聊天訊息，怎不把對方也刪一刪

可疑的手機訊息

「老公，有個叫小蜜的剛傳訊到你手機，內容寫著：『中中，就按照前幾天聊的，你答應我的事情，可不要忘了喔！星期三晚上，不見不散。』訊息後面還有個愛心當結尾。『中中』先生，可以麻煩解釋一下現在是什麼情形嗎？還有，為什麼你們之前聊的對話紀錄都不見了？」琪琪口氣不是很好地問著丈夫致中。

「無聊耶！就沒聊什麼啊，一些工作上的事情而已。因為怕你亂想、愛生氣，而且真的很占手機空間啊，所以順手整理掉，誰知又被你誤會。真的不出我所料，你超級愛亂想的，我有夠倒楣。」一致中回說，一副受了委屈的模樣。

****

「陳小靜，那個徐揚升是誰，為什麼他剛傳訊到你手機：『真不知道原來你這麼健談，而且尺度還這麼大。很喜歡你給我的那張特別照，下次換我拍給你。』你拍了什麼給他看？你之前還聊了些什麼？為什麼要刪訊息？」小邱滿肚子火，一副快要扁人的樣子問女友。

「凶什麼啦！……就以前的學長啊，他失戀，我陪他聊天而已。還不是怕你像現在一樣誤會，鬼吼鬼叫、疑神疑鬼的，我才刪掉。可以不要這樣子無聊跟大驚小怪嗎？」小靜支支吾吾地解釋著。

刪訊息，是不是心裡有鬼呢？

根據我們常聽到的，一般人會刪手機訊息的原因大多是：怕身邊的人亂想、生氣、誤會，所以才刪。

聽起來，這似乎是貼心地在替對方著想。

但仔細想想，假如聊天內容沒什麼，又有什麼好惹人生氣的？假如聊天內容沒什麼，又有什麼好刪除的？假如聊天內容沒什麼，又有什麼好讓人誤會的？

原本沒有習慣整理訊息的人，突然開始勤勞地刪訊息這個動作，怎麼想都是多餘跟心裡有鬼。是不是跟別人聊了什麼煽情曖昧的訊息？是不是約定了什麼會讓枕邊人生氣的事情？不然行得正、坐得直，幹嘛要刪？

會想刪訊息的理由，大致不脫這幾個：

第一、就是「對象」：這個對象會讓身邊的伴侶討厭或吃醋，所以聊完天後，勢必要馬上刪除，擦嘴巴一下。

第二、就是「內容」：聊天內容多半不是歪就是邪，讓人看了想直接分手、離婚的，所以才要馬上刪除。

第三、就是「時間」：聊天的時間不正常，可能明明跟另一半說要睡了，結果卻在悄悄跟別人談天說地，這項犯罪證據不刪除怎麼行！

第四、就是「照片」：如果互傳的照片不是有問題或詭異，甚至腥羶，那為什麼要特地去刪除？

精神出軌和肉體出軌，都是「出軌」

我曾聽一個男性朋友說：「我刪掉跟女生聊天的曖昧訊息，是因為心裡還有老婆，不然被發現就被發現了，幹嘛還花時間刪？」

也聽過一位女性朋友說：「其實，我不是不愛我男友，只是我還愛玩，喜歡享受刺激。偶爾像那樣跟別人聊一下大尺度的內容、互換一下照片，很有趣呀！」道德觀怎麼可以扭曲得如此強烈……竟把歪理當成真理！

假使心裡還有老婆，怎麼有心思和別人搞曖昧？假使還愛著男友，又怎麼會只為了有趣，而和其他男人聊些有的沒的？如果還想玩、也定不下來，幹嘛要談戀愛跟結婚？

說白了，都只是自私地在滿足自己的欲望罷了。

不對的事情，怎麼可以被如此合理化，說得如此理所當然？

簡單，就是幸福

兩個人談戀愛，可不可以簡單一點？

真的愛著對方時，眼中只有彼此，你跟任何人的聊天內容都不會有問題，更不用刪除。

因為，你懂得分寸，懂得潔身自愛，懂得避嫌。你說話不會油腔滑調，態度不會輕佻浮躁，行為不會曖昧不明。你不會給人希望與機會，因為你知道自己的所作所為，都會牽連、影響著你身邊的另一半。

很愛，所以知道什麼可以、什麼不可以；很愛，所以不會放縱自己，任其所為。因為，萬一被發現有任何不妥的行為時，不管是精神或肉體上，受傷、難過的永遠是很愛自己的枕邊人，所以很愛對方的你，不會、也不敢。

而會去做的人……也請別說你有多愛對方，因為聽起來格外諷刺。

精神出軌和肉體出軌，都是「出軌」。

若真的還想玩，就保持單身。

但如果牽起了一個人的手，那就別再想東想西，事後惹得一身腥。

簡單，就是幸福。

何必為了你口中「不重要」的人，得罪另一半？

不重要的那個人……

天色暗了，小希一個人坐在書房裡，非常難過，因為一個小時前，她從丈夫阿原忘了登出的電腦中發現，他跟一個陌生女子有著非常曖昧的對話。

一次又一次讀著電腦上兩人的對話紀錄，愈看愈氣，邊看，邊流淚……因為她實在無法相信這種溫柔、關心又體貼的話語，會是身邊那總是正經八百的老公傳的：「你睡了嗎？明天買你最愛的拿鐵給你。你別難過，不然我也會想哭。」

只有熱戀期小情侶才會講的種種情話，居然是從這個已接近不惑之年的男人口中說出。

阿原下班回來了。剛進家門，見小希坐在書房裡，也不開燈，他一邊脫下西裝外套，一邊問：「老婆，你坐在那邊發呆幹嘛？飯煮了沒？我很餓耶。」沒注意筆電螢幕正亮著。

「我問你，你要老實說。你是不是背叛了我？」小希抬起頭看著丈夫，通紅的眼睛含著快滴下的淚水，彷彿在訴說著心裡的委屈與難過。

「背叛……背叛什麼啦！你在亂講什麼？」阿原神情有點緊張，故意轉身脫鞋子以避開小希的眼神。

「那她是誰？為什麼你跟她的聊天內容這麼曖昧？」小希把筆電打開，手指著阿原與「她」的談話紀錄。

「她只是一個普通朋友，不重要的人。」阿原極力想撇清關係。

「不重要？好啊，那我不管，你現在打給她，跟她說她打擾到我們夫妻生活了，叫她以後別再煩你，之後再把她的電話刪掉、臉書封鎖，我很不喜歡她。」小希一反平日溫柔婉約的作風，變得強勢起來。

「不可能。就因為你不喜歡，我就要刪喔？那要是你不喜歡我的每一個女性朋友，我不就要全部刪光光嗎？這是什麼道理！」阿原也大聲了起來。

「我才沒這麼無聊，也不會要你刪光全部的女性朋友，是你跟她的聊天內容實在太曖昧、太詭異了，你對她甚至……比對我還關心和溫柔。」說到傷心處，小希終於忍不住哭了出來。

「你鬧夠了沒有？她只是我很談得來的好友而已，這樣你也能亂聯想，真的莫名其妙，不要像個神經病一樣好嗎？」

阿原穿上西裝外套，拿起車鑰匙便轉身離去，留下一臉錯愕的小希。

＊＊＊＊

「小婷，為什麼你跟前男友去看電影沒告訴我？」建宏口氣不太開心地詢問女友。

「你幹嘛偷看我手機？是你自己要上班，沒時間陪我，我找俊元陪我去還好吧。」小婷一副無所謂的態度說。

「我說過放假就會陪你去看了，你一定要這麼急嗎？而且還跟前男友去，會不會太過分了點？」建宏很不能理解女友的行為。

「有這麼嚴重嗎？他又不是很重要的人，就他剛好有空，能陪我啊。我還順便拗了他請我看電影呢！這是在幫你省錢耶，先生。」小婷愈來愈不耐煩。

「不重要？好，那你傳訊息給他，說我不喜歡你們還有聯繫，叫他以後不要再跟你有瓜葛了。」建宏把手機拿給小婷，要她現在就撥電話。

「神經病喔！我才不要。你真的很幼稚，我要回家了。」小婷拿起包包，轉身就走。

愛一個人，請你給足安全感

很多時候，當自己為了外面的某個男人或女人而跟另一半發生爭執時，好像千錯萬錯，都像是故事中的「小希」和「建宏」在無理取鬧。

究竟是自己在幼稚地亂猜疑？又或者是另一半，根本有鬼？

尤其讓我感到好奇的是，永遠認為自己沒錯的那位，為什麼總要為了一個口中「沒什麼」的人去得罪另一半呢？或許是自己沒有察覺到，那個人的分量與重要性其實已經遠遠超過伴侶。不然，為何會連「刪除」的動作都狠不下心？

有些人可能是覺得就因為「沒什麼啊」，所以不想刪除。但愛你的人卻因為這些「沒什麼」，快要崩潰了。也可能有的人想，這只是關心、問候、純友誼。但別忘了，愛你的人卻因此被狠狠傷透了心。

要是真的愛你的另一半，就該好好地給足、給滿對方所需要的「安全感」。

感情現場，有如戰場

「為什麼你不願意順著對方的意思，跟那些曖昧對象斷絕往來呢？」我問過許多為了這種事情與伴侶吵架的朋友。

除了原本就「心裡有鬼」的人之外，其他的回答百百種：怕那個朋友不開心啦，怕被說是不夠朋友、重色輕友啦，還有的人是不想被傳出去說自己沒用、怕老婆或老公寶等等，是不是劃錯重點了？

「你這樣瞻前顧後、怕東怕西的，難道就不怕另一半跟人跑了嗎？」我問。

千萬不要溫柔到連一個帳號都捨不得封鎖，多情到一組號碼都捨不得刪除，也別因自己要刪除或封鎖某個關係微妙的朋友，而替對方感到無辜、可憐和心疼。

講白點，對方的重要程度，難道會高於你的枕邊人嗎？

寧願錯殺女人身邊可疑的每一位男性友人，也絕不玩表哥、表弟一家親的遊戲。

寧願錯殺男人身邊可疑的每一位女性友人，也不放過可能從好友變砲友的女人。

避嫌不是絕不會偷吃，但不偷吃的人絕對懂得避嫌

前女友的訊息

一天下午，正在上班的馬克突然收到一則臉書訊息：「好無聊喔！你在幹嘛？」他點進去一看，原來是前女友子云傳來的。

「奇怪，我結婚後，子云就沒再跟我聯繫過，怎麼今天突然發訊息給我？」馬克心想。

「沒幹嘛啊，老樣子，在上班。」納悶歸納悶，他還是很快地回覆了。

「那等一下你下班後，我去公司找你喔！我剛好從台北下來台中，住在你公司附近的飯店。」子云不到幾秒鐘便回了訊息，看得出她很專心地在等馬克的回音。

馬克考慮著：「她怎麼在台中？好久沒見面了，這機會真的滿難得的。可是，老婆那邊要怎麼交代？跟她說要和前女友去吃飯？被打死算了！還是騙她說我要加班好了，反正只是吃個飯，應該不會耽誤太久。」

「好啊，吃飯ＯＫ。你難得來台中，我請你。」馬克快速地回訊息，同時發了一封給太太：「老婆，今晚加班，晚點回去，晚餐你先吃喔，愛你。」

當天晚上，馬克跟前女友吃了晚餐，還喝了點小酒。曾經是男女朋友的關係，讓兩人在言語、交談與動作上幾乎百無禁忌，旁人看來，根本就是一對熱戀中的情侶。飯後，馬克甚至提議到子云住的飯店續攤……

「避嫌」是感情必修課

有男、女朋友，甚至結了婚的人，「避嫌」是我認為最重要且是必修的一門課程。

人是一種情感非常豐富的動物，很多偷吃的朋友，也許一開始壓根兒都沒有想到自己竟然會走到這一步。當初明明只是覺得這個人看起來特別順眼；記得一開始，對方不過是一個比較有話聊的朋友罷了；原本只不過是一起吃頓飯而已……誰知看著看著、聊著聊著，最後就一發不可收拾。

「避嫌」，並不是拒人於千里之外，而是人與人之間的關係要有親疏之分，不能總把那幾句：「又沒什麼」、「還好吧」、「都是自己人」、「只是小時候的朋友啊」、「只是前男友／前女友而已」……掛在嘴邊，而忘了保持應該有的距離。

友情、同情與愛情，必須分清楚孰輕孰重，因為這幾種情感關係永遠都不能混為一談，對待的方式更不能相提並論，不然就是在玩火，就是在給人機會。

馬克原本也只是打算吃個飯而已，沒想到最後竟然吃到子云下榻的飯店去了。不過，假使他今天是帶著老婆、小孩一起出席，又怎麼會有後續的事情發生？

我們都不是聖人，不要對自己的定力太有自信了，不管男女，難免禁不起誘惑與寂寞，這是人性。而我們能做的，**就是不要讓自己身處在那樣的環境中。更不要把對另一半的溫柔體貼、關心問候，用在別人身上。**

除了自己的伴侶，真的不需要也沒有義務，過度去關心、同情或幫助那些前男女友、乾哥哥或乾妹妹、朋友或同事、學長或學妹。你把人家當朋友，人家不只想跟你做朋友；你對人家沒興趣，人家可對你有興趣得很。

不妨誠實地自問：「他們的事情，真的跟我這麼相關嗎？為什麼我對這些人，要比對另一半還好？」

沒有開始，故事是寫不下去的

人真的要懂得避嫌，因為愛情故事，只要沒有開始就寫不下去。

給人希望，就等於是給對方機會。不用覺得「保持距離」會對別人不好意思或是不近人情，我們沒有分身，無法討好身邊的每個人，異性朋友需要你，但伴侶更需要你，兩者之間的取捨，我想不會太難，除非你的心已經沒放在身邊的這個人身上。

那些單身的朋友們，自然會有其他單身的人去拯救他們吧！而我們這些已經死會到不能再死的人，該做好的一件事就是：守護好身邊的親密愛人。

別對別的女人溫柔，因為那是對你的女人殘忍。

別對別的男人動情，因為那是對你的男人無情。

避嫌不是絕對不會去偷吃，但不想偷吃的人，絕對會懂得避嫌。

小醋怡情，大醋傷情

吃醋過頭，會產生反效果

最近好多身邊的朋友，都發生了一個相同的狀況，就是為了「吃醋」而爭吵。

的確，吃醋是一種愛的表現，但為什麼吃醋的人已經這麼努力地表露自己的「愛」，卻往往適得其反，對方不但沒有感到絲毫被愛或開心，反而覺得討厭或生氣？我想問題可能在於，**太多人把「吃醋」和「疑神疑鬼」搞混了**。**另外也有太多人不懂，醋是不能吃太多的**。

去吃西餐時，隨餐會附上一小杯的水果醋，讓人開開胃，但也就那麼一小杯，因為太大一杯，除了喝不完，過量的醋反而會傷身。

感情也是一樣，沒有任何人承受得了另一半天天像是打翻醋罈子一樣，管東管西，也沒有人可以接受另一半成天疑神疑鬼地翻查自己的手機，甚至每隔一小時就來電查勤詢問：「你到底在哪裡？」——我就在上班啊！還能怎麼樣？

缺乏安全感的女友

我以前有個女友，她什麼都好，就是太愛疑神疑鬼。只要我一離開她身邊，她就會開始胡思亂想，管東管西，除了半夜偷看我電腦、手機，甚至偷拔我車上行車紀錄器的記憶卡去看，還嚴重影響到我的工作。

我實在受不了了，有一天，跟她攤牌說：「我知道你吃醋是因為在乎我、愛我跟擔心我，但是也不能影響到我的工作啊！每次只不過漏接你的電話沒幾分鐘，你就開始狂叩或狂傳簡訊，甚至因為我沒及時回應，就傳一些罵人的內容過來，這真的太誇張了吧！」

她哭著告訴我：「我就是太信任前男友了，不管他說什麼，我都相信，最後卻被他劈腿，騙得團團轉。所以我現在其實很沒自信，也沒有安全感。我也不想做得這麼極端，我覺得好累，也覺得這樣的自己很討厭。但我實在很怕失去你！也很擔心，如果你像我前男友一樣……那我該怎麼辦？」

唉！我只能說，真要偷吃，是很難預防的。像這樣緊迫盯人的做法，只能防君子，不能防小人。而且愈是重要的東西，你若抓得愈緊，它愈容易破掉，就像你吃飯會用兩隻手抓著碗嗎？不會嘛。感情也是。

吃小醋是可愛，可以增進兩人之間的情趣跟感情。但動輒吃大醋，是懷疑、不信任，也是不尊重另一半。吃醋吃得太不合理，只會讓自己愈發顯得沒有自信，有損魅力。

這種醋，應該要適當地吃一點

結婚之後，我老婆一向是採取「放牛吃草」，完全沒在管我和異性之間的交友關係。

看起來，她似乎是不怎麼愛吃醋的一個人，對吧？可是，只要我提到和前女友的故事，讓她知道了我為某某女友做過什麼浪漫的事情時，她就會嘟起嘴開始生悶氣，甚至要求我也得比照辦理——乘以十倍以上！

我知道她在吃醋，但我覺得很可愛，因為這很合理啊！憑什麼前女友都有的東西，我老婆卻沒有？

就像我平常也沒在管她的交友關係，但有一次，在某一個箱子裡，找到了她前男友的名牌皮帶，一問之下，她說這是以前辛苦打工，存了好幾個月的薪水送他的生日禮物，可能是他不小心忘了拿走吧。

看老婆講得一副好像理所當然的樣子，我聽了整個人忍不住醋勁大發，對她開玩笑似地講了幾句酸語——好吧，一半是玩笑話，一半是真心話。

沒想到隔了幾個月後的情人節，我就收到一件比皮帶還貴上許多的禮物：一個真皮的手提包。我心裡暗自開心，因為我知道，在她心中我還是第一順位。

像以上這些都已經是浮在檯面上，鐵的事實，我認為才叫「吃醋」。舉凡什麼：前男／女友、誰對誰好、誰對誰浪漫、誰體貼誰溫柔……既然是自己現在很愛的一個人，卻曾經對別人或正對著某人做這些事情時，吃醋，本來就很正常。不吃醋才奇怪。

但假使是自己在幻想、以為、害怕、擔心，或根本就還沒發生、經過查證確認的事情，你卻一再地懷疑與質疑，不信任所愛的那個人，那麼，這不叫做吃醋，叫做「疑神疑鬼」，這除了是交往的大忌之外，甚至還是破壞你們之間感情的凶手。

兩人之間的平衡很重要。對於已經確定或發生過的事情，偶爾適當地吃一點醋，我覺得這是很必要，也很重要的。除了讓對方知道，你對他做的事情是會有感覺、會在意的之外，也是一種愛的表達。而不是完全放任，不痛不癢，甚至放牛吃草到別的星球去——連一滴滴醋都不會吃的人，甚至會令人懷疑你到底有沒有愛過對方。

在愛裡，保有獨立性

話說回來，沒必要的醋真的不該也不能吃。成天疑神疑鬼地，只會讓另一半更討厭你而已，同時，也使你失去了原本的魅力。

會疑神疑鬼，不外乎就是沒自信，少了一份安全感。**安全感，除了來自另一半所給的之外，最重要的是我們自己也要學著建立起來，這樣的愛才會是獨立的愛，我們也才能夠在一段愛裡仍保有獨立的自我，相對地也給彼此獨立的空間休息，或喘息。**沒有人會喜歡愛吃醋、對自己沒自信、任性、愛亂誣賴人、亂猜忌，甚至生活重心都完全倚賴在自己身上的另一半。這樣的你除了很恐怖之外，也很討厭。

不要讓自己成了一個恐怖情人，那是大家敬而遠之的。一個有自信、能溝通，生活充實精采，全身充滿著魅力的理想情人，才是你的他／她會想要的。

別對別的女人溫柔，因為那是對你的女人殘忍。
別對別的男人動情，因為那是對你的男人無情。

結婚是會失去自由，但不代表沒有自由

個人自由時間的運用申請

「老婆，星期六有幾個朋友約吃飯，兩個小朋友可以麻煩你一下嗎？我去湊湊熱鬧，保證不多喝、不續攤，結束就回家。」我看著太太，露出不太好意思的微笑。

「好啊，你們幾個中年大叔也該聚聚聊聊了。」老婆躺在床上，悠哉地看著電視。

「哈哈！感激不盡。」

我傳簡訊通知著其他好友。

「對了，我也跟你提出申請一下，月底我姊會開車下來台中看我，我跟她去市區吃飯、聊個天，女兒和兒子交給你，ＯＫ嗎？」老婆轉頭看我一眼，語氣帶著商量。

「月底我排休，你好好跟姊姊去散散心，家裡不用擔心。」我一臉自信地拍胸保證。

就這樣，我們夫妻兩人很快速地通過了「**個人自由時間的運用申請**」。

婚後，雖然會失去很多自由，但並不代表完全沒有自由。

夫妻都是成年人，除了共同的生活圈之外，我們還有屬於各自的家人、朋友、兄弟姊妹。雖然婚後的生活，常常為了小朋友等種種因素而互相拉扯、綑綁，不再能想幹嘛就幹嘛，但這並不代表雙方就不能有自己的時間或興趣，**只是使用次數減少，不代表不能擁有。**

想要回娘家、去旅行、洗頭髮、做指甲、兄弟聚會、熱血環島等，有任何的個人活動或需求，只要提早提出申請，夫妻雙方在不影響工作、家庭，時間上又能配合得剛好之下，何樂而不為？

為何她不信任你？

有些男人可能會說：「你講得這麼好聽，但我每次跟兄弟去喝酒，老婆就愛生氣，不到一小時就奪命連環叩，不然就是要打卡定位，超不信任我！搞得氣氛和我的心情都很差。」

其實，不妨這樣思考一下：

如果你是三天兩頭都在外面應酬，不顧家庭，老婆的反應算很正常。

如果你前科累累，總是跟女生搞曖昧，酒後容易亂性，哪個老婆敢讓你去喝？

如果你出門就像丟了一樣，沒有家的觀念，哪個老婆不會連環叩？

假使平常是個守信用、重約定的老公，難得想申請一次個人運用時間，打個電動、釣個小魚、喝個小酒、追一下年輕時的夢想……太太通常也不會這麼不通人情，不讓丈夫去做。

夫妻本要互相配合、協調

有的女人可能會認為：「結了婚，怎麼可能還有這些自由時間？就算老公開明同意，公公、婆婆又會怎麼想？還有，小孩子這麼小，沒人照顧怎麼辦？出去太久，還可能被人閒言閒語……」

這些問題都不是你該擔心的，把它們交給你老公吧！

夫妻兩人在家的地位是同等的，太太做任何事情之前，哪需要依公婆心情、看老公臉色，甚至等小孩長大？想要去找朋友、見家人，甚至出國玩樂，只要夫妻倆在時間等細節上能彼此配合得好，不就好了？

至於婆婆與小孩，還有其他人的想法，我以同為丈夫的角度提供一些思考：

一、婆婆也就是我媽，自然有老公我處理按捺得好。

二、小孩是我們夫妻共有照顧的，太太不在就我照顧，不用等到孩子們長大，當媽媽的才能出門。

三、至於其他人的想法，都說是其他人了，真的不用放在心上。

魚幫水，水幫魚。做老公的讓太太偶爾去放鬆一下，暫時忘卻家中的一切煩惱及壓力，下次換我們申請個人時間的時候，太太能不放手嗎？

分寸要掌握好

最後要記住一點，**結婚不比單身，分寸的拿捏很重要。**

婚後，雖然很多事情不能再隨心所欲，但只要夫妻雙方互相尊重，偶爾個別地單獨放鬆一下，那是人之常情。但不能老是只有單方面在笑，另一方在哭。

個人自由運用時間，不是拿來偷吃用，也不是三天兩頭就在申請的。**若將難能可貴的機會與信任用到了不良的目的上，兩人之間的信任一旦打破，就很難再癒合了。**以後不要講什麼自由日，連單獨出門可能都會鬧家庭革命，結婚了，還是要以家庭跟小孩為重，適當地放鬆為輔。

偶爾的自由雖然可貴，但能連結一輩子的家人，才是最值得珍惜的。

幸福，就是把吃虧當作占便宜

抱怨老婆大會

某天，參加高中死黨的聚會。雖然大夥兒平時都有用通訊軟體互相聯絡，但真正能好好約出來見個面，距今應該已經五年了吧！畢竟大家都有了家庭跟工作，能找到一天「拋家棄子」，來個男人之間的聚會，真的很難。

按照出社會慣例，先交換個名片，互相寒暄問候一下，正當彼此開始東聊西扯起來時，其中一位好友阿超的手機突然響起。

電話那頭是他老婆，交代他等一下聚餐完後，順便去幼稚園接小朋友；接到人後，去超市買一斤雞蛋，還有蒜、蔥、一罐醬油、一瓶胡椒粉和番茄醬，並表明說「晚上炒菜會用到」。

阿超急忙叫旁邊的同學趕快拿來紙跟筆，他一邊記下來，同時一再向老婆確認無誤後，才敢放心地掛斷電話。

這時候，大家紛紛有感而發，原本東聊西聊沒個主題的聚會，突然變成了「抱怨老婆大會」。

愛唸歸愛唸，還不就是疼老婆？

「阿超，你老婆怎麼像我老婆一樣，老愛使喚人去買菜啊？我昨天好不容易加完班，想回家休息，結果我太太一通電話，一連串交代我買一堆東西，我哪記得住？最後少買了一罐辣椒醬，還被小唸了一下。」說話的是結婚五年，有兩個小孩的家璿。

「是不是？我老婆也是，特別愛挑我休假時來個大掃除，害我放假都不能好好休息，一下掃地、一下又拖地跟搬東西，超愛占我便宜的。」已經是兩家店的店長文成也附和著家璿的話。

「對啊，我老婆也是，她還……」

同學們似乎都被點燃了心中的小宇宙，大家整個大爆發。

我這才知道，原來除了「當兵」這個話題受男人歡迎，「抱怨老婆」，也能引起已婚男人這麼大的共鳴。

我笑著對大家說：「大家都別裝了，愛唸歸愛唸，還不就是疼老婆？不然連做都不會想做。」

「哪有？」大家異口同聲地回答。

真愛不是用來互相計較的

會當死黨，我想除了個性、想法和價值觀接近之外，對於感情觀，也是無限雷同。

拿阿超來說好了，他婚後的生活，幾乎都是圍繞著太太跟小孩在打轉，社群網站上，很少看到他的個人照，幾乎每張都是滿滿幸福的全家福。只要一有休假，他就是陪著老婆、小孩出遊。只要他們有需要，他絕對不會推託或逃避。

我私底下問過他：「阿超，你為老婆、小孩做這麼多事情，不會覺得很吃虧嗎？」他笑著回我說：「你自己還不是一樣，你會覺得吃虧嗎？哈！」我愣了一下，最後兩人一起大笑。是啊，我們都不覺得吃虧。

因為**真愛不是用來互相計較的，而是「把吃虧當作占便宜」**。

但前提是在「互相」。若只有單方面地付出，久了，得不到相同的回應，我想任誰都會心灰意冷。

兩人在一起，你感到幸福嗎？

就像阿超，雖然他聚餐完還得去買一堆菜，但當他把菜帶回家後，超嫂便會挽起袖子，用心地變出一堆他最愛吃的菜餚。順路買點東西，換來一頓自己最愛吃的晚餐，我想並不吃虧。

文成也是，雖然休假還要整理家，但當打掃完，有個煥然一新的舒服環境，住在裡面的人不也開心？何況他只負責打掃，但文成嫂還要準備晚餐和善後，真要比起來，文成還是占了便宜呢。

一個幸福的家庭，「互相」很重要。不管是男主外、女主內，或是男主內、女主外，其實都是各自分擔起不同的工作性質罷了。不能因為工作的大小、輕重、難易、貢獻或有沒有收入，就輕易地否定了對方的價值。

一個家，本來就不是用來計較誰貢獻得多、誰幫助得少的所在，也並非賺錢就是老大、顧家就是打雜，更不用去比較：「今天我做了十件事，你只做了七件事，你今天少做了，所以明天要補三件回來。」

結婚，難道是為了更方便天天計較著對方的嗎？我想不是。

只要雙方總是互相跟心疼著對方，對正常的夫妻關係來說，只有加分，不會扣分。

但假使當你所做的一切，卻老是被當成是應該的，甚至沒被看見，你壓根兒感受不到一丁點的幸福時，那也就不適用於「幸福，就是吃虧當作占便宜」的概念。都不幸福了，又怎麼甘願吃虧呢？

不要「棚頂做到流汗，棚腳嫌到流涎」，你還傻傻地一味付出。遇到了錯的人，就算做到死，也可能被嫌到沒有任何好的地方，那不如不做。

假使身邊是對的人，我想，對方也捨不得你做太多事情，吃太多虧。

家人，永遠排第一

因為聊得太開心了，我們的聚會時間比原本預定的晚了兩個多小時。

老婆突然來電，電話那頭，她半開玩笑地說：「好啊！我的老公還會接電話耶。我還以為他失蹤，要跟人跑了呢！」

我馬上懂她的意思，連忙道歉說：「聊太晚了，等等就回家，順便帶一碗你最愛的仙草凍給你吃喔，乖。」

「要兩碗。」老婆笑著說。

「好啦！」

當我掛斷電話時，幾個死黨也正不約而同地傳簡訊的傳簡訊，打電話的打電話。

看著大家有的忙著回簡訊，有的在講手機，耐心安撫著電話那一方，我想，這就是為什麼我們會成為死黨的原因吧！

家人，對我們來說，永遠都是排第一。

「家庭」跟「遊戲」，很難選嗎？

別被遊戲給「玩」了

自從女兒出生這四年來，我的手機沒有任何一款遊戲，一款都沒有。

我以前是很愛玩遊戲的人，還曾為了追求遊戲的順暢與殺人的速度，而新組了一台電腦，也曾為了手遊，花了「好幾萬」在買點數跟抽裝備上。無法理解？就像男人永遠無法理解女人的衣服為什麼永遠少一件一樣。

前幾天在等一個朋友談事情，他遲到了，等到發慌的我，無意間下載了一個遊戲。一開始想說打發打發時間，但玩著玩著，也太好玩了吧！是我太久沒玩遊戲，還是現在科技進步太快？那畫面、音效和內容，真讓人佩服手機遊戲怎麼能做到這種地步。連我朋友來了，我還說：「你這麼快來幹嘛？」

但就在打這篇文章的前一分鐘，我把這款遊戲刪除了。因為我發現，「不是我在玩遊戲，是遊戲在玩我」。

當我沉迷於手遊……

回想過去幾天跟手遊為伴，我發現……

飯後是固定唸書給女兒聽的時間。女兒拿著書走過來，我卻玩著手機說：「寶貝，你先自己去旁邊看，爸爸在忙。」是啊，我忙著玩前幾天下載的新遊戲，而她一個人在角落看書的背影，好孤單。

平常老婆請我洗奶瓶或是換尿布，我一定馬上起身去做。但有一天，老婆叫了我兩、三次，我還是賴在床上不肯起身，一直到兒子肚子餓，哭了，我一時找不到乾淨奶瓶，才發現老婆已經默默地把奶瓶拿去洗了。為了玩遊戲，一直把她的話當耳邊風的我，很糟糕。

這幾天我就像沒老婆、沒小孩一樣，除了勤勞地設鬧鐘提醒自己何時該參加活動、何時該上線領獎、何時該上線打王，連假日全家出門時，我只要一坐定，總不忘玩遊戲去打王。我到底在幹嘛?!

我索性刪除了遊戲。

因為我發現，我根本無法克制去玩它的欲望，甚至快忘了自己是老公，也是兩個小孩的爸爸。

時間分配很重要

其實，並非不能玩遊戲，而是要看自己會不會分配時間。**遊戲本身沒什麼錯，錯的是花太多時間在上面，不分輕重的玩家；遺憾的是，忘記了自己身分的父母。**

既然我無法兼顧「家庭」跟「遊戲」，那麼，這二選一的題目真的不難：**我選家庭，遊戲「出局」。**因為就算等級練得再高，當自己生病受傷時，遊戲也不會有任何反應；就算花了再多金錢與時間，培養出伺服器第一名的角色和寵物，它們也不可能從手機螢幕中跳出來，喊你一聲「爸爸」。

遊戲隨時可以重玩，但我們在遊戲上浪費掉的人生跟時間，永遠沒辦法重新來過。

不要自顧自地活在虛擬世界中，而忽略了真實世界的家人。

要當虛擬的第一？還是家人的唯一？

當小孩要找你玩，或老婆心情不好想跟你聊聊——你眼裡卻只有手機，老是心不在焉地說：「別吵爸爸，自己去旁邊玩！」或是眼睛永遠盯著電腦螢幕，對老婆的需求敷衍帶過說：「哪有這麼嚴重？」「別想太多了。」「你太誇張了啦！」「你剛說什麼？」……

當遊戲打輸了，你甚至忍不住遷怒到一旁的孩子太吵，或是怪罪老婆一直「吵」你，太煩，總是把怨氣出在無辜的他們身上——時間久了，漸漸地，你在遊戲裡的角色或許愈來愈強，但在現實生活裡，小孩的心卻離你愈來愈遠；電玩技術一天比一天好，但老婆對你的愛變得一天比一天少。

難道真要等身邊的人都離開了，才能讓你領悟到「家庭」和「遊戲」到底該怎麼選嗎？

要當虛擬世界中的「第一」？還是妻子、小孩心中的「唯一」？麻煩今天再好好選一次。

「家庭」跟「遊戲」，你……怎麼選？

媽媽沒有分身術

用講的，都很簡單

「老婆，快點，要來不及了！等一下幫小朋友穿好衣服後，就直接帶下樓來。對了，空奶瓶、尿布、熱水瓶、口水巾、奶粉那些東西，記得放在媽媽包裡，不要像上次又少了某一樣。我先去車上等你了。」偉傑說完，只拿了自己的皮夾跟車鑰匙，便自顧自地走下了樓。

十分鐘後，小茹一手背著媽媽包，一手抱著不到一歲的兒子，急急忙忙地走下樓。

好不容易將東西都整理好，放上了車，臨出發時，偉傑突然問：「熱水瓶帶了沒？」

「啊！忘了。」小茹回。

「是白痴喔？這麼簡單的事情，每次都忘東忘西要我提醒，出個門有這麼難嗎？還不快點去廚房拿。」偉傑不耐煩地催促太太。

＊＊＊＊

看這情形，偉傑一家想出個門，真是一波三折。但比較令我疑惑的是，偉傑大老爺從頭到尾坐在車上那十幾分鐘，究竟在幹嘛？抽菸、思考人生大道理、玩手機、調整汽車座椅的前後高低舒適度，還是放空？

何不利用這段時間，把剛剛提醒妻子的事情直接動手做一做？

或者，再把時間往回推——偉傑要下樓之前，改變成另一種做法：將剛剛交代小茹的東西「直接」放進媽媽包，確認好要帶的東西無誤之後，下樓之前，轉個身去廚房，把熱水瓶裝好水帶著，再去車上等。

老爺們，做媽媽的只有一個人、兩隻手，她沒有分身術，可以應付這麼多的指令，還要被規定不能有忘記、遺漏的事情。用講的，都很簡單；但既然這麼簡單，**你會說，怎麼就是不會幫忙做。**

餐廳裡的「萬能媽媽」

前兩天跟家人去火鍋餐廳吃飯，隔壁桌的客人是一個三代同堂的大家庭。由於兩桌靠得很近，所以我很清楚地聽到了鄰桌的對談。

「老婆，兒子大便了啦，你抱過去找個地方換一下。」老公說。

「阿芬，你順便跟店員借一下熱水，先泡好奶放著。」阿嬤說。

「媽媽，我要喝水水！我的水杯在哪裡？」目測約三歲多的女兒問。

他們才剛坐下不到五分鐘，這位「媽媽」就必須執行三個不同人的指令。

接下來的用餐時間中，這群家人還三不五時開口要求。

老公說：「老婆，你把女兒抓回來，不要讓她一直離開座位。」「老婆，你兒子要抱好，前面有火鍋，不要讓他碰到。」「老婆，弟弟的玩具掉在地上了，你都沒看到喔？太誇張了吧！」

婆婆說：「阿芬啊，餐廳太冷了，把我孫子的外套穿起來。」

女兒說：「媽媽，我要吃麵麵。」

＊＊＊＊

原來媳婦這麼好用？原來媽媽都要會分身術？原來當爸爸和老公的，只要會出一張嘴就可以？很多事情明明就記得也知道，甚至看到了，為什麼就是不肯伸出援手？

今天換作我是阿芬，對於婆婆和女兒，我牙一咬也就認了。但老公要是一直叫我做東做西的，什麼事都只找我，我一定馬上翻桌發飆問他說：

「你是沒手沒腳嗎？你是沒看到我手上還抱著一個跟你姓，而且長得跟你超像的小孩嗎？」

伸出你的援手最實際

知道了或看到了，就一起去做吧！

光一個小孩就能讓當媽媽的忙到昏天暗地，更不要說兩個、三個了；甚至家中有雙胞胎，更是會讓人忙到焦頭爛額。身旁的家人該給的，不是一堆指令或自以為善意的提醒、叮嚀，而是主動地幫忙、關心，詢問需要些什麼。**實際伸出援手的幫助，遠遠大於只會出一張嘴的提醒與叮嚀。**

拉緊小孩，不要讓他亂跑；抱著小孩拿東西時要注意，不要讓他摔著了；這時間，是不是該泡奶、餵奶、換尿布了；小朋友玩具掉了，要撿起來等等，很多事情，媽媽其實都知道也記得，但當下就是沒有多餘的手可以做啊！

別再只會出一張嘴了。忙著提醒、看到、叮嚀、交代的人，手要是空著，就直接動手，一起做吧！

離婚給了兩個不適合的人，再度幸福的機會

走過感情的坎坷，直到「你」出現

看著一張張出國遊玩的照片，這位女性好友S再婚第六年了，我由衷替她現在擁有的幸福感到開心。

很多年前，她是個失婚媽咪，歷經前夫偷吃、家暴、嗜酒如命、好賭成性，S為了小孩跟這個家，一次又一次地選擇原諒，也一次又一次地受到傷害。她一直期盼對方能有所改變，直到最後她願意去面對一切都改不了的事實時，才終於選擇帶著年幼的女兒，離開了前夫。

S的前夫，其實我也認識，是同村從小就很熟的朋友。他愛面子，脾氣很火爆。有一次，我只不過替S多說了句：「會打女人的男人很沒用。」他就看我不順眼到現在，也罷，從此我也少了個沒用的男性朋友。

剛離婚時的S，就像很多有類似遭遇的女人一樣，帶著傷痛，對愛情、對男人都失望透頂。對於旁人的鼓勵與陪伴，她曾說：

「你們不是我，離婚的也不是你們，你們懂什麼？我的父母因為我的關係，被鄰居講閒話。多少以前的朋友表面假裝關心，背後說風涼話的卻一堆。我女兒還這麼小，上學要錢、吃飯要錢，什麼都要錢！我的人生真的徹底被這男人給毀了……」

大家聽了都很難過，S說的，的確是事實，不管再親近，我們也很難真正說「懂」她的心情。除了陪伴跟鼓勵，加上一點基本的經濟幫助，我們這些所謂的好朋友、她的好姊妹，真的不知道該怎麼辦。

直到N的出現。

＊＊＊＊

N先生的故事，我比誰都清楚，畢竟我是曾經陪他連續幾天醉了又醒、醒了再醉的哥兒們。那一次，他死都不肯放我回家，原因很簡單：「我失戀了，我不想一個人……」

其實那不是他第一次失戀了，或許應該說，他每次談戀愛都沒有好結果，不是被欺騙，就是被劈腿。

N在我眼中，是個貼心、溫柔的好男人，但有一段時間，我真的不明白他到底在追求怎樣的幸福。女友的年紀一個比一個小，一個比一個還愛玩，甚至有一次人家很明顯就是劈腿了，他還幫忙辯解說：「她只是陪失戀的好哥兒們在聊天、喝酒。」這到底是太傻太天真？還是太無情地糟蹋自己？寧願活在自己美麗的謊言底下苟延殘喘著，也不肯相信自己的女人背叛他的事實。因為他知道，睜一隻眼閉一隻眼，至少，還能繼續待在她身邊。

＊＊＊＊

直到S的出現。

或許因為在感情上都曾經重重受傷，兩人特別珍惜彼此。更因為特別了解被人傷害後會有多痛，所以在相處中多了一份心疼。而身為繼父的N，與S的女兒之間超越血緣隔閡的緊密情感，也讓我們感動不已。

真的要相信，這世界上並沒有什麼「一定」的事情。誰說離婚後就不能擁有幸福？誰說帶著小孩就不能再找到真愛？

我曾私底下問S：「**你不是說再也不相信男人嗎？**」

她笑著回我說：「那是因為我沒遇到過真正的男人。」

是啊，回頭想想，她的前任暴力相向、愛賭博，又沒盡到當爸爸、丈夫的責任，憑什麼讓這種人來代表「全天下」的男人。

在曾經的錯誤中，做出對的決定

離婚，不過是兩個不適合的人願意再給對方一次「機會」，是將兩個錯誤的決定畫下一個「句點」，是在曾經的錯誤中，做出對的決定，並加以修正罷了。這到底有什麼好可恥的？總比一錯再錯的人好吧！為什麼總要被貼上一堆有的沒有的標籤？

當事人不解釋，不代表默認旁人閒言閒語的說法，不吭聲，不代表心裡不痛不癢。但雞婆的我真的很想問問在一旁碎唸的人們：「結婚的不是你們，離婚的也不是你們，你們到底有什麼資格去推測、評論當事者的對或錯？」

有些婚姻，明明兩人根本就不愛了，但是為了小孩、面子或利益，繼續死命硬撐著，苟延殘喘，一天過一天，彼此消磨人生。還不如因看透、了解，知道真的無法走完一輩子而放過彼此，來得光明磊落。

假使S多年前沒有果斷地離婚，而是繼續深陷在那片混亂中，以為自己只能認命地一天過一天，我真的不敢想像她們母女倆會變得怎樣。

你的幸福，得靠你拿出自信去追求

當然不是鼓吹大家離婚，我想說的是，**如果不徹底、勇敢地離開那個錯的人，一輩子也遇不到對的人。**

假使你已經錯過了一次幸福，難道不該更奮力地去追趕嗎？

結了婚，不等同於是人生勝組；失婚，也並不代表是人生敗犬。真正心裡有洞的，是那些根本不了解你的故事，而隨意評斷他人的人。而如果真要說有什麼失敗之處，那就是你因為太在意別人的眼光，而讓自己活得沒自信，也不美麗。

離婚只是一種方法，能讓不適合的兩人，再次去尋找自己的自在、開心。

至於別人的閒言閒語或冷嘲熱諷，記得，**只要你活得精采、過得快樂，就是給他們最大的反擊。**

上個月去N家中探視在坐月子的S時，N一邊抱著剛出生的兒子，一邊開心地笑著對躺在床上休息的S說：「老婆，你看兒子像我還是像你啊？這嘴巴好像我喔，老婆你看啊，老婆……」

這溫馨幸福的畫面，是假不了的。

不婚，礙到誰？

熱心過頭的長輩們

表哥結婚大喜，家族親朋好友齊聚一堂。這原本是很開心的一件事情，但有些長輩的「過度」關心，往往讓晚輩備感壓力。

一進會場，遠遠地就看到了S姊。親戚裡面，就屬她跟我最好，所以我很自然地過去與她同桌閒聊。同座的有幾位是我不大熟的長輩。隨著表哥、表嫂的新人進場，一道道佳餚上桌，再加上幾杯黃湯下肚後，幾位婆、叔、阿姨們，似乎有點管不住自己那張嘴了。

某長輩婆婆：「S啊，你也都快四十了吧！怎麼還不結婚？你爸媽快擔心死了吧。」

某長輩叔叔：「對啊。你之前不是有個男友，在外商公司上班，條件不錯啊？可以的話，就辦一辦了啦！女人不要眼光太挑呀，找個穩定的就可以嫁了。」

某長輩阿姨：「S，能生就快點生吧！高齡產婦很辛苦的。趕緊生一個給你爸媽抱孫！」

某長輩阿伯：「S啊……」

「是沒有其他話題了嗎？」我心裡想。

但是S姊從頭到尾都保持著笑容，與長輩們應對得體。

「我看起來不幸福嗎？」

宴席結束後，S姊要搭高鐵北上，我自願送她去車站。途中，我實在忍不住，聊起剛剛喜宴上的事。

「姊，那些長輩真的很無聊耶！有沒有結婚干他們什麼事啊？」我邊開車邊不滿地說。

「哈！你怎麼還是這樣火爆。人家也是好意，只是長輩說話都比較直。」S姊以她的招牌笑容看著我。

「可是，真的很無聊啊！」我依舊不滿地嘟著嘴說。在她面前，我始終像個小朋友似的。

「傻弟弟，時代不同了，**女人來到這世界上的最終任務，並不是為了『結婚』或是『生子』**。你看姊姊我，雖然沒結婚，但看起來難道不幸福嗎？」S姊的臉充滿著自信。

我狂搖頭。「其實我滿羨慕姊姊的，你事業有成，又常出國旅行，學歷高，人漂亮，才華洋溢，絕代風華……」我機關槍似地一連誇獎了S姊許多優點。

「哈！嘴這麼甜，弟妹就是這樣被你騙走的吧。」S姊笑到不能自已地說。

結婚或不婚，都是一種選擇

車內突然靜了下來，只有周董的音樂陪伴著我們倆，S姊像在沉思什麼般地靜默不語。我也不方便打岔。接著，她又沉穩微笑著開口說：「在旁人看來，我可能是他們眼中所謂的『剩女』，或是『沒人要的女人』，但我自己知道，**結不結婚，不該是由別人決定或要求的，而是自己對人生所做的一個選擇罷了**。適婚年齡只是一個參考，並不是法律規定。不是姊的眼光高、要求多，而是我暫時還不想失去現有的生活。

「況且，**兩個人之間，並不是辦了場婚宴，身分證後面多了個名字，手裡再抱著一個可愛的小孩，就一定是修成正果，人生也就完美**。現實生活的殘酷、傳統觀念的包袱，讓多少恩愛的王子跟公主反目成仇，形同陌路。

「這幾年下來，我跟男友相處得很融洽，彼此都不影響對方的工作跟生活。他有他的步調，我有我的節奏。我們跟一般的夫妻其實也沒什麼不同，但我卻還能擁有自己的空間與時間。我想出國就出國，我想跟姊妹吃飯就吃飯，我想一個人靜靜的時候就一個人。說起來好像有點自私，但如果結婚不能讓我維持現有的生活品質，甚至做我自己，那請問結婚要幹嘛？

「偶爾看到你放的家庭照，或是看到韓劇的完美結局時，內心總有一股心動跟渴望，也想像你們一樣，有能穿上婚紗、抱著小孩的那一天。但如果只能當上一天的公主，接下來的三百六十四天都要當女僕，去伺候、面對各式各樣的婆媳問題、教養爭執或生活習慣的不同，那結婚不是變成了一件很蠢的事情嗎？

「結了婚，如果反而讓自己不快樂，那我幹嘛結婚？我結婚不是結給父母安心、朋友開心或長輩放心的。會讓我想結婚的理由，永遠不是為了應付旁人的眼光或年齡上的考量。別人過多的關心跟閒言閒語，我感激，但我自己的人生，我自己做主。

「**不是我不結婚，是我選擇不結婚。**而且不婚，也沒礙到任何人啊，不是嗎？」

愛情童話進行式

講到這裡，S姊的手機剛好響起，是她男友打來的。S姊驚喜地講著電話，原來他特地從台北殺到台中來了！由於台北的工作提前結束，很想她，便從台北開車下來接她，順便趁週末假期，兩人一起去走走玩玩。

在電話這頭，姊姊一直罵著這也許是「未來姊夫」的男人說：「幹嘛這麼麻煩？還專程開車下來接我……你早上不是六點多就出門開會了？你工作也很累啊，真是的……」

但姊姊的口氣——一點也不凶啊！邊說，嘴角還邊微微上揚地偷笑著。

我將車迴轉，載著姊姊去找這位「未來的姊夫」。抵達約定的地點不久後，一輛百萬進口休旅車停在我車後。我心想：「不會吧！拍電影喔？真的是王子來接公主了。」

只見一位穿著合身西裝，一身筆挺的男士下車，這「未來的姊夫」真的很不一般。我斜眼瞄了一下S姊，她的臉上除了幸福，還帶點驕傲的笑容。

完全不用刻意放閃或多做什麼，在旁人的眼中，他們就是最閃亮的存在。有了這樣的幸福，相比剛剛在婚宴上被那些長輩酸言酸語的過程，現在回想起來，真的微不足道，至於結不結婚，對他們來說，似乎也沒這麼重要了。

一顆心，換到一顆等重的心，只是基本。
當你換到了更多，
甚至超越本身重量的同時，
那就叫做「被愛」和「幸福」。

國家圖書館預行編目資料

我可以心甘情願，但你不能理所當然
／口罩男著 --初版.--臺北市:
寶瓶文化, 2017.7
面； 公分.--(Enjoy；059)
ISBN 978-986-406-092-4(平裝)
1.婚姻 2.戀愛 3.兩性關係

544.3 106009208

寶瓶 AQUARIUS

Enjoy 059

我可以心甘情願，但你不能理所當然

作者／口罩男
企劃編輯／丁慧瑋

發行人／張寶琴
社長兼總編輯／朱亞君
副總編輯／張純玲
資深編輯／丁慧瑋 編輯／林婕伃
校對／丁慧瑋・劉素芬・陳佩伶・口罩男
營銷部主任／林歆婕 業務專員／林裕翔 企劃專員／李祉萱
財務主任／歐素琪
出版者／寶瓶文化事業股份有限公司
地址／台北市110信義區基隆路一段180號8樓
電話／(02)27494988 傳真／(02)27495072
郵政劃撥／19446403 寶瓶文化事業股份有限公司
印刷廠／世和印製企業有限公司
總經銷／大和書報圖書股份有限公司 電話／(02)89902588
地址／新北市五股工業區五工五路2號 傳真／(02)22997900
E-mail／aquarius@udngroup.com

法律顧問／理律法律事務所陳長文律師、蔣大中律師
如有破損或裝訂錯誤，請寄回本公司更換
著作完成日期／二〇一七年三月
初版一刷日期／二〇一七年七月一日
初版十七刷日期／二〇二〇年三月十二日

ISBN／978-986-406-092-4
定價／三三〇元

AQUARIUS 寶瓶文化事業

愛書人卡

感謝您熱心的為我們填寫，
對您的意見，我們會認真的加以參考，
希望寶瓶文化推出的每一本書，都能得到您的肯定與永遠的支持。

系列：Enjoy 059　**書名：我可以心甘情願，但你不能理所當然**

1. 姓名：＿＿＿＿＿＿＿＿　性別：□男　□女
2. 生日：＿＿＿年＿＿＿月＿＿＿日
3. 教育程度：□大學以上　□大學　□專科　□高中、高職　□高中職以下
4. 職業：＿＿＿＿＿＿＿＿
5. 聯絡地址：＿＿＿＿＿＿＿＿＿＿＿＿＿＿＿＿＿＿＿＿

   聯絡電話：＿＿＿＿＿＿＿＿　手機：＿＿＿＿＿＿＿＿
6. E-mail信箱：＿＿＿＿＿＿＿＿＿＿＿＿＿＿＿＿

   □同意　□不同意　免費獲得寶瓶文化叢書訊息
7. 購買日期：＿＿＿ 年 ＿＿＿ 月 ＿＿＿日
8. 您得知本書的管道：□報紙／雜誌　□電視／電台　□親友介紹　□逛書店　□網路

   □傳單／海報　□廣告　□其他
9. 您在哪裡買到本書：□書店，店名＿＿＿＿＿＿　□劃撥　□現場活動　□贈書

   □網路購書，網站名稱：＿＿＿＿＿＿＿　□其他＿＿＿＿＿＿
10. 對本書的建議：（請填代號　1. 滿意　2. 尚可　3. 再改進，請提供意見）

    內容：＿＿＿＿＿＿＿＿＿＿＿＿

    封面：＿＿＿＿＿＿＿＿＿＿＿＿

    編排：＿＿＿＿＿＿＿＿＿＿＿＿

    其他：＿＿＿＿＿＿＿＿＿＿＿＿

    綜合意見：＿＿＿＿＿＿＿＿＿＿＿＿＿＿＿＿＿＿＿＿＿＿
11. 希望我們未來出版哪一類的書籍：＿＿＿＿＿＿＿＿＿＿＿＿＿＿＿＿

讓文字與書寫的聲音大鳴大放

寶瓶文化事業股份有限公司

（請沿此虛線剪下）

廣　告　回　函
北區郵政管理局登記
證北台字15345號
免貼郵票

寶瓶文化事業股份有限公司 收

110台北市信義區基隆路一段180號8樓

8F,180 KEELUNG RD.,SEC.1,

TAIPEI.(110)TAIWAN R.O.C.

（請沿虛線對折後寄回，或傳真至02-27495072。謝謝）